HELVETIA
und ihre Schwestern

Ted Stoll

HELVETIA

und ihre Schwestern

Trouvailles aus der Rumpelkammer der Geschichte –
ein inoffizieller Beitrag zum Jubeljahr 1991

Benteli Verlag Bern

© 1990 Ted Stoll und Benteli Verlag, Bern
Lektorat und Gestaltung: Benteliteam
Satz und Druck: Benteli Druck AG, Bern
Printed in Switzerland
ISBN 3-7165-0720-2

Inhaltsverzeichnis

Man hat uns den Tell genommen, das Rütli und den Winkelried.
Bald kommt auch Helvetia in die Rumpelkammer...
und was dann?

Vorwort

Ob es Helvetia gegeben hat, liegt im Unklaren. Bei den alten Helvetiern vielleicht. Autoren der Antike berichten über einige ihrer Schwestern, zum Beispiel die Königstochter Europa und diverse Stadtgöttinnen. Britannia ist auf römischen Münzen dargestellt. Ein weiteres Indiz sind Funde aus helvetischen Siedlungsgebieten. Es gibt da Plastiken, die unserer Landesmutter verblüffend ähnlich sehen.

Die Zeit um 1291 ist in Nebel gehüllt, man weiss wenig und erdichtet viel. Im Bundesbrief wird Helvetia nicht erwähnt, bei Tellenschuss und Rütlischwur ist sie kaum dabei. Aegidius Tschudi weiss nichts über sie zu berichten.

Und doch gibt es sie! Die ersten nachweisbaren Auftritte hat Helvetia gegen Ende des 16. Jahrhunderts auf den jesuitischen Barockbühnen der Innerschweiz. Zusammen mit Niklaus von Flüe ruft sie die Eidgenossen zur Einigkeit auf … über hundert Jahre lang mit mässigem Erfolg.

Auf die Barockzeit folgt der Klassizismus. Die Dichter schwärmen von Homer, die Künstler lassen sich von Gipsabgüssen inspirieren. Pallas Athene steht Modell für nationale Allegorien: Austria, Bavaria, Germania, Helvetia…

In der Helvetik tritt Helvetia nur kurz auf, ihre grosse Zeit hat sie nach 1848. Da finden wir sie auf Münzen und Briefmarken, in Stein gehauen und in Erz gegossen, auf Bühnen, an Volksfesten und im Liederbuch, auf bunten Postkarten und als Galionsfigur von Firmen. Sie reitet auf patriotischen Wellen.

Wie lange wohl noch? Im 20. Jahrhundert flaut der Boom ab. Die Post will nichts mehr von Helvetia wissen. Eine Bank wirft sie hinaus, ja sie verliert sogar ihren Job als Werbedame. Nur auf den Münzen duldet man sie noch, vermutlich aus Versehen. Und was die Cartoonisten mit ihr treiben…

Elvier, Helvier, Helvetier

«Man tut nicht wohl, als den Anfang der Geschichte der Schweiz die Nachrichten zu betrachten, die von dem Zustand unserer Landschaften vor der Invasion der germanischen Stämme auf uns gekommen sind. Die älteste keltische Periode ist geschichtlich verschollen...»

Theodor Mommsen, Die Schweiz in römischer Zeit, 1854/1966, S. 3

Wer sind die Helvetier?

Erstmals wird dieser keltische Stamm von Poseidonos erwähnt, überliefert bei Strabon im Zusammenhang mit der Wanderung der Kimbern und Toutonen (113–101 v. Chr.). Er soll von den bei Caesar beschriebenen Bergbewohnern Helvii oder Elvii aus dem unteren Rhonetal abstammen und mit den bei Tacitus erwähnten Helvecones verwandt sein, die in den Bergen und Tälern der Karpaten wohnen. Gemäss Tacitus leben die Helvetii (auch Elvitii genannt) zwischen Rhein, Donau und Main, ursprünglich also im heutigen Südwestdeutschland. Sie werden dort von den Sweben (Schwaben) belästigt und ziehen deshalb südwärts gegen die Alpen, wo sie dann zu Caesars Zeiten das Mittelland und einige Täler bewohnen, Waffen schmiedend für ihren Zug gegen Bibracte.

Strabon IV & VII
Caesar Gall. 7.2

Tacitus Germ. 43
Tacitus Germ. 28

Elvii, Helvii, Helvetii, Helvecones ... was heisst das nun? Die Sprachforscher sind verschiedener Meinung. Anzunehmen ist, dass es sich bei den Endsilben ‹ii› und ‹ones› ganz einfach um römische Pluralbezeichnungen handelt. Es verbleiben also ‹Elv›, ‹Helv›, ‹Helvet› und ‹Helvec›. Das ‹H› kann man vielleicht weglassen, denn dies ist nur ein gehauchter Laut. Und die Silbe ‹et› (oder ‹ec›) ist nach Alfred Hodler ein helvetischer Diminutiv, der darauf hinweist, dass die Helvetii von den Helvii abstammen. Es bleibt im Prinzip also ‹Elv›. Diese Stammsilbe ist nach Jacob Grimm keltischen Ursprungs und bedeutet ‹erhaben› (élevé!). So wären die genannten Stämme – wie auch der alte ‹Geschichtsfreund› sagt – Hochländer und Bergbewohner. Ähnlicher Meinung ist Sparschuh, nach ihm ist ‹elvyz› das emporführende Land und ‹elvyzan› die über den Meeresspiegel hinaufragende Erde. Eine etwas andere Version stammt von Thurneysen: Die Helvetier werden von ihm als ‹die Landreichen› bezeichnet. Und dann gibt es noch eine weitere Möglichkeit zur Begriffserklärung: Naheliegend wäre nämlich ein Deutungsversuch anhand der Stammsilbe ‹Hel›. Dieser altgermanische Begriff – einer breiteren Öffentlichkeit aus Kreuzworträtseln bestens bekannt – bedeutet ‹Unter-

Alfred Hodler, zit. bei A. Furger-Gunti. Die Helvetier, Zürich 1984, S. 87

Jacob Grimm, Geschichte der deutschen Sprache, II 714 & 724

Sparschuh, Kelt. Studien, zit. in Geschichtsfreund, 1849, S. 210/211

R. Thurneysen, zit. bei Felix Stähelin, Die Schweiz in röm. Zeit, 1931, S. 24

welt› oder auch ‹Todesgöttin›, das englische ‹hell› heisst ebenfalls ‹Hölle› und das schwedische ‹helvete› auch. So könnte es durchaus sein, dass die alten Helvetier nicht «die Erhabenen» sind, sondern eher etwa ‹höllische Vettern› o. Ä. Das ist gar nicht so abwegig, denn zart-idyllische Benennungen sind bei unseren Vorfahren sehr en vogue. So heisst unser Orgetorix gemäss Furger ‹König der Totschläger›, nach Thurneysen ‹König der Plünderer›. Und was weiter für die Höllenversion spricht, ist die von zeitgenössischen Autoren beschriebene Streitlust der alten Helvetier. Caesar z. B. spricht von ‹cotidianis proeliis cum Germanis› (von täglichen Auseinandersetzungen mit den friedfertigen nördlichen Nachbarn). Nur hat leider diese Auslegung zur Folge, dass unsere Helvetia damit zum ‹Höllenweib› wird, oder zur ‹Höllvezia› (vgl. Kurt Martis Lobpreisungen im traurigen Kapitel am Schluss dieses Buches). Das darf nicht sein!

Die Erhabenen, die Landreichen, die Höllischen..? Am ehesten werden wir der Sache gerecht, wenn wir uns an die Version des Märchenvaters Jacob Grimm halten. Helvetia, die Erhabene!

Andres Furger-Gunti,
Die Helvetier, Zürich 1984, S. 98

Caesar Gall. 1.1

Kurt Marti,
Heil-Vezia, Basel 1971/81

So sehen sie aus

Wie man sich die Helvetier der vorchristlichen Zeit etwa vorstellen muss, beschreibt Diodor auf Grund von Reiseberichten des Poseidonos. Kommentiert sind zwar die Gallier (ebenfalls ein keltischer Stamm), doch da liegt offenbar eine Verwechslung vor. Denn die Flüsse, die deren Land durchströmen, sind nach demselben Bericht Rhodanus (Rhone), Danubios (Donau) und Rhenus (Rhein). Es wird auch von grossen Goldvorkommen berichtet (Napfgebiet!). Gemeint sind also die keltischen Stämme nördlich der Alpen ... zum Beispiel die Helvetier:

> «Die Gallier [Helvetier] sind von hohem Wuchse; ihr Fleisch ist von Säften strotzend, und die Hautfarbe weiss; das Haar ist nicht nur von Natur aus blond, sondern sie verstärken auch noch durch künstliche Behandlung diese eigenthümliche Farbe. Sie netzen nämlich die Haare immerfort mit Kalkwasser und streichen es von der Stirne rückwärts gegen den Scheitel und den Nacken, so dass ihr Aussehen dem der Satyren und Pane gleicht. Die Haare werden nämlich durch diese Be-

handlung auch immer dicker, so dass sie sich von einer Pferdemähne nicht mehr unterscheiden. Den Bart scheren einige ganz ab, andere lassen ihn zu mässiger Grösse wachsen, so dass der Mund ganz bedeckt wird. Beim Essen hat daher der Bart mit den Speisen zu thun, und wenn sie trinken (und das tun sie reichlich), rinnt das Getränke wie durch einen Seiher...

...Den gefallenen Feinden hauen sie die Köpfe ab und hängen sie am Halse ihrer Pferde auf...

die Köpfe ihrer vornehmsten Feinde balsamieren sie ein und bewahren sie sehr sorgfältig in einer Kiste...

...Sie selber sind von furchterregendem Aussehen, ihre Stimme tieftönend und überaus rauh...

Obwohl ihre Weiber ganz wohlgestaltet sind, so halten sie sich doch sehr wenig zu diesen, sondern werden, wie durch unsinnige Raserei, zur Umarmung des männlichen Geschlechts getrieben...»

Diodor's von Sicilien Geschichtsbibliothek, 5. Buch, Abschnitt 28 (übersetzt von Ad. Wahrmund, Stuttgart 1869)

Ein Riesenweib?

Von den Helvetierinnen ist nicht viel überliefert, von Helvetia gar nichts. Wir können von Archilochos bis Xenophon die gesamte zeitgenössische Geschichtsliteratur durchackern ... keine Spur von Helvetia! Oder doch?

Nach einer von Diodor überlieferten Erzählung gab es im Keltenland ein Weib von ungemeiner Körpergrösse, das auch an Schönheit alle anderen übertraf. Dennoch wollte offenbar keiner sie haben (siehe oben!).

«...als aber von seinem Zuge gegen die Geryones Herakles in das Keltenland kam und hier die Stadt Alesia gründete, da erblickte sie den Heros und bewunderte seine Tapferkeit und Körperkraft so sehr, dass sie seine Umarmung eifrig begehrte, und auch ihre Ältern gaben ihre Zustimmung. Herakles nahte ihr also und zeugte mit ihr einen Sohn namens Galates, der alle seine Stammesgenossen an Hoheit der Seele und an Leibesstärke weit überragte. Als er zum Manne geworden und die väterliche Herrschaft übernommen hatte, unterwarf er sich noch viel benachbartes Land und führte grosse Kriegstaten aus [279 v. Chr. Einfall in Makedonien?]. So wurde er seiner Tapferkeit wegen sehr berühmt und nannte dann seine Unterthanen nach sich selbst Galater (Gallier), und daher hat auch das ganze Land seinen Namen Galatia.»

Diodor, 5. Buch, Abschnitt 24

Leider wird uns der Name dieses schönen Riesenweibes nicht mitgeteilt, und darum bleibt's ungewiss, ob es sich um die Gallia oder um unsere Landesmutter Helvetia handelt.

In der Abteilung Ur- und Früh-
geschichte des Landesmuseums
finden wir dieses mehrere Meter
hohe Relief (z. T. rekonstruiert).
Das Fragment links oben – gefunden auf dem Zürcher Lindenhof –
stammt aus römischer Zeit. Es soll
sich um eine Darstellung der
Siegesgöttin Victoria handeln,
könnte aber auch vermuten lassen,
dass...

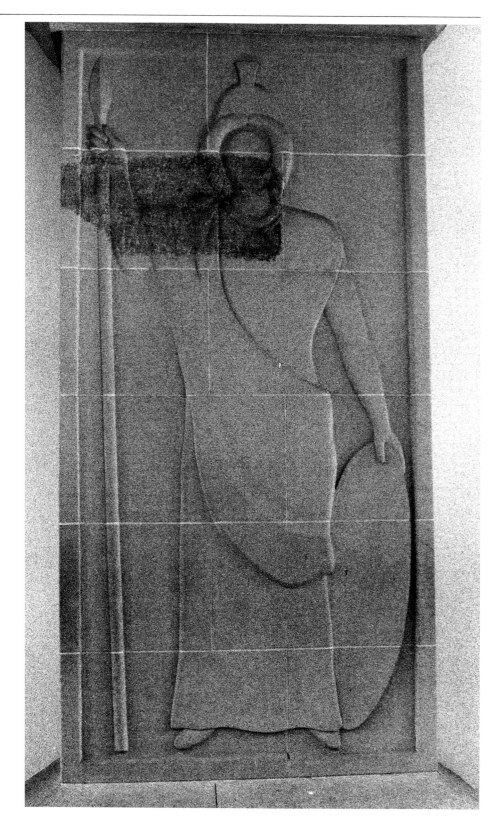

Eine Göttin?

Aber es gibt noch weitere Indizien für die Existenz unserer Stamm-Mutter. Unter den zu Caesars Zeiten bei den Helvetiern gebräuchlichen Gottheiten figuriert zwar nicht die Helvetia selber, doch einige ihrer Schwestern, Töchter und Cousinen sind bereits vertreten: die Dea Aventia (Göttin von Avenches), die Genava (Genf), die Mogontia (Mainz) und die Dea Bibractis (Mont Beuvray). Und 119 n. Chr. ist unter Kaiser Hadrian eine römische Kupfermünze mit der allegorischen Darstellung der besiegten Britannia in Zirkulation. Es ist also durchaus denkbar, dass auch die alten Helvetier eine Stammesgöttin verehren.

Zu Mutmassungen über Helvetia geben auch verschiedene Fundgegenstände aus der Zeit und dem Wohngebiet der Helvetier Anlass, so zum Beispiel das bei Allmendingen ausgegrabene Bronzeköpfchen mit dem strengen Blick und der griechischen Nase. Es ist in klein-asiatisch/hellenistischem Stil gehalten, hat grosse Ähnlichkeit mit den klassizistischen Darstellungen des 19. Jahrhunderts und könnte durchaus als Helvetia eine Briefmarke oder Münze zieren.

Was also später auf dem Umweg über Rom, Renaissance und Klassizismus zu uns kommt, ist zweitausend Jahre früher schon da … via Marseille direkt aus Griechenland. Und wie wir hier bei Platon lesen, stammt von den Völkern der Antike auch der edle Brauch, prominente holde Weiblichkeit postum mit Denkmälern zu ehren:

> Sokrates:
> «Dann sollen sie [die Herrscher] zu den Inseln der Seligen entschwinden, um dort wohnen zu bleiben. Der Staat soll ihnen Denkzeichen weihen, Opferfeste für sie veranstalten und sie als Dämonen verehren, wenn die Pythia ihre Zustimmung gibt, andernfalls als selige oder gottähnliche Entschlafene.»

> Glaukon:
> «Ein herrliches Bild, als wärest du ein Bildhauer, hast du da von den Herrschern gemeisselt, Sokrates!»

> Sokrates:
> «Und von den Herrscherinnen, Glaukon! Denke nicht, dass ich bei alledem mehr an die Männer als an tüchtig veranlagte Frauen gedacht habe!»

Helvetia in Bibracte?

Den Cimbern und Ambronen wird es in Jütland zu kalt. Sie ziehen im Zickzack nach Süden und begegnen unterwegs den helvetischen Toutonen und Tigurinern, die nun ebenfalls Reiselust verspüren und ihre Koffer packen. Mit den Römern machen die Wanderer kurzen Prozess, so z. B. 107 v. Chr. bei Agen an der Garonne. Die Tiguriner mit ihrem Diviko an der Spitze vernichten ein römisches Heer, und der Rest muss sich ducken. Man lese von Con-

Angaben nach Felix Stähelin, Die Schweiz in römischer Zeit, 1931, S. 477–492

Marina Warner, Monuments and Maidens, 1985, S. 46

Aus dem Dialog zwischen Sokrates und Glaukon in Platons Der Staat, 7. Buch, S. 258 (deutsch von A. Horneffer, Leipzig 1908)

Ein Bronzeköpfchen aus Allmendingen. Wer ist hier dargestellt?

Diviko und das Wunderhorn oder die Lemanschlacht, ein deutsches National-Heldengedicht von Dr. Joseph Anton Henne aus Sargans in der Schweiz, Stuttgart / Tübingen 1826 (S. 282)

Caesar Gall. 1.2

rad Ferdinand Meyer ‹Das Joch am Leman› oder von Anton Henne das Helvetier-Epos ‹Diviko›.

Diviko zu Popillus:

«Dein Schwert ist stumpf,
dein Arm ist mattgeschlagen,
dein Stolz ist eitel Rauch;
du kannst nur freche Worte sagen
nach Römerbrauch.
Hör an, wollt ihr mit heilen Händen
von hinnen ziehn,
so ziehet unterm Galgen hin,
sonst werdet ihr alle euer Leben enden.
Gebt Geiseln zu einem Friedenspfand!
denn schlüpfrig ist der Römer Wort.
Dann ziehet fort,
und denket an den Lemanstrand!

Und wie der Legat den Seinen
die Kunde sagt,
wird von den Feigen laut geklagt;
sie sind umschlossen in fremden Hainen,
und ringsum zeigt sich mit Drohn
der Kelten mächtige Legion,
die mit den grimmigen Blicken
den Stolz der Römermacht ersticken.
Und nah der Wagenburg dem Wall,
im Auge der Frauen und Meiden all,
die Römer strecken die Hand mit Flehn,
und müssen entwaffnet unterm Galgen gehn;
und jedesmal mit frohem Brüllen
die Kelten das Bergtal füllen.»
… etc.

Noch einmal kriegen die Römer aufs Dach, diesmal von den vereinigten Cimbern, Ambronen, Toutonen und Tigurinern bei Arausio (105 v. Chr.). Doch dann wendet sich leider das Kriegsglück. 102 v. Chr. geht es bei Aquae Sextiae schief, der römische Feldherr Marius besiegt die Toutonen und Ambronen. Bei Vercellae in Oberitalien erleiden die Cimbern 101 v. Chr. eine Niederlage. Auch die Tiguriner haben genug von Salami und Spaghetti, plündernd ziehen sie sich nach dem Norden zurück.

Was weiter geschieht, lesen wir bei Julius Caesar im Originaltext:

«Apud Helvetios longe nobilissimus fuit et ditissimus Orgetorix. is M. Messala (et P.) M. Pisone consulibus regni cupiditate inductus coniurationem nobilitatis fecit et civitati persuasit ut de finibus suis cum omnibus copiis exirent: perfacile esse, cum virtute omnibus praestarent, totius Galliae imperio potiri.»

Aus purer Machtgier zettelt also der Grossgrundbesitzer Orgetorix (‹König der Totschläger und Plünderer›) eine Verschwörung an und überredet seine Stammesgenossen, sich mit ihrem Vieh und ihren Familien auf den Weg zu machen und ganz Gallien zu erobern. Die Helvetier verbrennen ihre zwölf Städte und vierhundert Dörfer. Dann ziehen sie – 368'000 Männer, Frauen und Kinder – mit dem inzwischen etwas altersschwach gewordenen Diviko um 58 v. Chr. erneut gegen Westen. Weiter als Bibracte kommt man aber nicht, denn dort wartet Caesar mit seinen Legionen:

Weiter zum Thema: Jeremias Gotthelf, Der Druide (1843)

> «Caesari cum id nuntiatum esset, eos per provinciam nostram iter facere conari, maturat ab urbe proficisci et quam maximis potest itineribus in Galliam ulteriorem contendit et ad Genavam pervenit. Provinciae toti quam maximum potest militium numerum imperat... etc.»

Caesar Gall. 1.7

Es geht also noch einmal schief, die Helvetier müssen umkehren und ihre Städte und Dörfer wieder aufbauen. Von jetzt an ist Helvetien eine römische Provinz... bis dann etwa um 400 n. Chr. von Norden her die Alemannen ins Land eindringen und die frechen Römer aus ihren Bädern und Kastellen vertreiben.
Ist Helvetia Teilnehmerin am Zug nach Bibracte? Das lässt sich kaum eruieren, denn die von Caesar aufgefundene Liste der Auswanderer – helvetische Namen in griechischer Schrift – ist leider nicht mehr vorhanden.

Caesar Gall. 29.1

ΗΕΛΦΕΤΙΑ

Von Chlodewig bis 1291

Um 486 n. Chr. vertreibt der Merowingerkönig Chlodewig die restlichen Römer aus Gallien. Dann unterwirft er die Alemannen, wird Christ und gründet das fränkische Reich. Seine Söhne erobern das Burgund mitsamt dem benachbarten ehemaligen ‹Helvetien› und rotten sich dann gegenseitig aus. Der letzte Merowinger, Childerich III., wird vom kleinen Pipin vom Thron gestossen. Diesem folgt Karl der Grosse (768–814), der zwar – wie Lehrer Geilfus aus Winterthur schreibt – des Lesens und Schreibens nicht kundig ist, aber dennoch über halb Europa herrscht und viele Kirchen bauen lässt. Sein Erbe übernimmt Ludwig der Fromme, und weil dieser viele Kinder hat, zerfällt das deutsche Reich in mehrere Teile: Lothar erhält Mittelfranken inkl. Italien sowie die Kaiserwürde, Ludwig der Deutsche Ostfranken und Karl der Kahle Westfranken. Es folgen sächsische Kaiser, fränkische Kaiser, Barbarossa... In Spanien und im Heiligen Land kämpft man gegen die Muselmänner.

Georg Geilfus, Helvetia, 1852

Das frühe Mittelalter ist recht finster ... Helvetia zeigt sich da nicht

1273 kauft Rudolf I. von seinen habsburgischen Verwandten u. a. das Gebiet der drei Waldstätte. Er wird im gleichen Jahr König, bekämpft dann die Raubritter und stirbt am 15. Juli 1291 zu Speyer. Man weiss nun nicht so recht, wer Nachfolger werden soll. (Zur Diskussion stehen Rudolfs Sohn Albrecht und Graf Adolf von Nassau, der dann 1292 von den Kurfürsten zum König gemacht und 1298 von obgenanntem Albrecht wieder abgesetzt resp. bei Göllheim erschlagen wird.)

Am Vierwaldstättersee verfolgt man mit Spannung den Lauf der Ereignisse. Man zählt sich zwar zum deutschen Reiche (die Loslösung erfolgt erst 1648), doch man ist weit weg vom Hofe des Regenten und geniesst einige Vorrechte, so z. B. das Inkasso von Strassenzöllen (Gotthard!) und die eigene Gerichtsbarkeit. Zwar sind die Habsburger lästig, doch die Nassauer könnten noch lästiger sein. Die einheimischen Dorf- und Talgewaltigen befürchten, sie könnten durch fremde Vögte ersetzt und ihrer Privilegien beraubt werden. Sie gründen eine Interessengemeinschaft ... und damit beginnt 1291 ein neues Kapitel der Schweizergeschichte.

1291: von Helvetia keine Spur

Die Geschichte der Schweiz hat mehrere Anfänge. Man kann bei den alten Helvetiern beginnen, die 107 v. Chr. bei Agen glorios die Römer besiegen und dann 58 v. Chr. gegen Bibracte ziehen, mit dem Bund der drei Waldstätte von 1291, mit dem legendären Rütlischwur von Mittwoch vor Martini (7. November) 1307, mit dem ‹Ewigen Bund› zu Brunnen vom 9. Christmonat 1315, mit dem westfälischen Frieden von 1648, mit dem Bundesvertrag vom 7. August 1815 oder mit der Gründung des Bundesstaates von 1848. Offiziell gilt gemäss Bundesratsbeschluss vom Dezember 1891 der 1. August 1291 als Gründungstag der Schweizerischen Eidgenossenschaft. Man stützt sich dabei auf das im 18. Jahrhundert wiederaufgefundene und seit 1936 im Bundesbriefarchiv zu Schwyz aufbewahrte Pergament von 1291, das mit ‹Incipiente mense Augusto› datiert ist.

(Datierung des Rütlischwurs gemäss Aegidius Tschudi)

Der Bundesbrief von 1291 (veröffentlicht mit Genehmigung des Staatsarchivs Schwyz)

Wilhelm Oechsli,
Schweizergeschichte,
Zürich 1933, S. 46

Über die Verfasser gibt es nur Mutmassungen, denn es fehlen die Unterschriften. W. Oechsli spricht in seiner Schweizergeschichte vom Ritter Arnold Meier von Silenen, vom Freiherrn Werner von Attinghausen, vom Landammann Konrad ab Iberg und vom Alt-Landammann Rudolf Stauffacher aus Steinen. Ganz sicher ist es aber nicht. Man kann durchaus auch die Meinung vertreten, es seien Helvetia, Tell und Winkelrieds Grossvater Struthan gewesen. Sagt doch Gottfried Keller in einem seiner Aufsätze:

Gottfried Keller,
Am Mythenstein

«Wenn es nun den Gelehrten verboten ist, den Raum zwischen den beiden Bundesbriefen von 1291 und 1315 auszufüllen oder etwas hineinzudenken, so wird es dagegen dem Laien erlaubt sein, denselben an der Hand der lebendigen Überlieferung zu beleben und anzunehmen, dass die Leute während dieser vierundzwanzig Jahre nicht geschlafen haben.»

Die Personen, die zu jener Zeit in den drei Urkantonen gelebt haben sollen, sind von Aegidius Tschudi, Johannes von Müller, Friedrich Schiller und anderen Autoren überliefert. Hier seien sie einmal gesamthaft aufgelistet und beschrieben:

Literatur
zum Personenverzeichnis:

Johann Jacob Bodmer,
Wilhelm Tell oder der gefährliche
Schuss, Zürich 1775

Georg Geilfus,
Vaterländische Sage und
Geschichte, Winterthur 1852/53

Attinghausen, Werner — Freiherr. Mitverfasser des Bundesbriefs?

Fürst, Walter — von Uri. Gemäss A. C. Niemann verheiratet mit Stauffachers Ex-Frau Gertrud. Seine Tochter Hedwig soll nach Schillers handschriftlichem Personenverzeichnis vom 17. März 1804 mit Wilhelm Tell verheiratet sein.

Gertrud *Fürst* — Stauffachers Ex-Frau, in zweiter Ehe verheiratet mit Walter Fürst (siehe oben).

Samuel Henzi,
Grisler ou l'ambition punie
(Verfasser nach Première 1749
in Bern geköpft)

Sheridan Knowles,
Drama Wilhelm Tell, 1825
[zitiert bei Widmann]

Johannes v. Müller,
Die Geschichte der
Schweiz. Eidgenossenschaft,
Tübingen 1815

A. C. Niemann,
Wilhelm Tell der Tausendkünstler,
1805, angebl. Uri

Friedrich Schiller,
Wilhelm Tell, 1804

Aegidius Tschudi,
Chronicon Helveticum,
Basel 1734/36

Gessler — alias Geissler, alias Grisler, alias Konrad von Tillendorf, Landvogt von Uri.

Margreth *Herlobig* — Vermutlich zweite Frau von Werner Stauffacher, als ‹Stauffacherin› in den nationalen Götterhimmel eingegangen. (Umstritten ist gemäss W. Widmann der Familienname Herlobig.)

Iberg, Konrad ab — Landammann. Mitverfasser des Bundesbriefs?

Landsberg — Landvogt zu Sarnen

Meier, Arnold — Ritter. Mitverfasser des Bundesbriefs?

Melchthal, Heinr. v. — Vater des Arnold (geblendet)

Melchthal, Arnold — Sohn des Heinrich

Stauffacher, Rudolf — Alt-Landammann aus Steinen. Mitverfasser des Bundesbriefs?

Stauffacher, Werner — verheiratet mit Margreth (siehe oben)

Tell, Wilhelm — Jägersmann. Gemäss Schiller mit Hedwig Fürst verheiratet (siehe oben). Nach J. J. Bodmer nur ein einziger Sohn, nach anderen Quellen mehrere Söhne plus Tochter Hedwig. Vermutlich drei Ehefrauen (siehe unten).

Leonhard Wächter, alias Veit Weber, Jambendrama Wilhelm Tell, Berlin 1804 [zitiert bei Widmann]

Emma *Tell*	Tells Eheweib gemäss Sheridan Knowles
Hedwig *Tell*	Tochter von Walter Fürst, verheiratet mit Wilhelm Tell (siehe oben).
Hedwig *Tell* jun.	Tochter von Tell in Henzis Theaterstück, belästigt von Landvogt Grisler.
Walter *Tell*	Sohn des Jägermeisters Tell, Gemäss G. Geilfus nicht am Apfelschuss beteiligt und damals acht Jahre alt. (Nach anderen Quellen allerdings musste Walter Tell bei diesem Happening strammstehen.)
Wilhelm *Tell* jun.	Gemäss G. Geilfus Statist beim Apfelschuss und damals sechs Jahre alt.
Winkelried, Struthan	der Drachentöter. Grossvater von Arnold Winkelried?
Winkelried, Arnold	Nationalheld, gestorben angeblich 1386 in der Schlacht bei Sempach.

Wilhelm Widmann, Wilhelm Tells dramatische Laufbahn und politische Sendung, Berlin 1925

Es wird heute kaum noch ernsthaft behauptet, dass dieses Bühnenpersonal historischer Wirklichkeit entspricht. Das ‹dänische Mährgen› ist im Alpenraum vermutlich erst seit dem 15. Jahrhundert bekannt (Tellenlied von 1477). Auch die Legende vom Rütlischwur ist ein späteres Konstrukt, rücktransportiert in die Gründungsjahre.

Uriel Freudenberger, Wilhelm Tell. Ein dänisches Mährgen, o. O. 1706 [zit. bei Daniel Frei, Diss. 1964]

**Der Rütlischwur
(nach einem Gemälde von C. Rahl)**

Natürlich gibt es Unterdrückung zu dieser Zeit, und sicher gibt es auch Verschwörungen und Tyrannenmorde. Doch später erinnert man sich nicht mehr an die Einzelheiten und setzt dann – wo solche fehlen – willkürlich Namen und Daten ein. Ideen, Zustände und Ereignisse werden zwecks besserer Verständlichmachung beim unwissenden Volk personifiziert . . und so entsteht die Geschichte von der Staatsgründung. Die Historiker und ihre Abschreiber kolportieren dann diese Überlieferung von Generation zu Generation, stur und kritiklos bis ins 18. und 19. Jahrhundert. Nietzsche vergleicht sie plastisch mit den Hühnern:

Friedrich Nietzsche,
Vom Nutzen und Nachteil der
Historie in:
Zeitgemässe Betrachtungen,
1874 [Diogenes-Ausgabe S. 70]

> «Gut, die Wissenschaft ist in den letzten Jahrzehnten erstaunlich schnell gefördert worden; aber seht euch nun auch die Gelehrten, die erschöpften Hennen, an. Es sind wahrhaftig keine harmonischen Naturen; nur gackern können sie mehr als je, weil sie öfter Eier legen: freilich sind auch die Eier immer kleiner (obzwar die Bücher immer dicker) geworden. Als letztes und natürliches Resultat ergibt sich das allgemein beliebte ‹Popularisieren› . . .»

Aber wenden wir uns von Nietzsches Eiern wieder ab und der Helvetia zu: Es ist kaum anzunehmen, dass sie zur Gründungszeit in der Urschweiz gelebt hat oder verehrt worden ist. Denn erstens müsste sie ja ihrem Namen nach dem helvetischen Stamme angehören – doch dieser hat seine Oppida kaum in den Tälern der Urschweiz, sondern eher im Mittelland zwischen Boden- und Genfersee. Zweitens bezeichnen sich die Urner, Schwyzer und Unterwaldner nicht als Helvetier, sondern als Abkömmlinge der Goten, Schweden und Römer. Und drittens liegt zwischen Bibracte und 1291 ein Zeitraum von weit über tausend Jahren … da geht manche Erinnerung verloren. Wilhelm Tell kann also kaum ahnen, dass er später einmal mit einer ihm unbekannten Helvetia in den gleichen Topf der Geschichte geworfen wird und mit ihr zusammen in Bühnenstücken, Festreden und Briefmarkenserien aufzutreten hat.

Helvetia im Barocktheater

Luzern hat Theatertradition. Organisiert von Stadtadel und Geistlichkeit werden da schon 1453 Schauspiele aufgeführt. Doch die grosse Zeit des Luzerner Theaters kommt erst im Zuge der Gegenreformation. Am 7. August 1574 holt der Politiker und Schauspieldichter Albrecht von Haller (alias Renward Cysat) die ersten beiden Jesuiten am Bahnhof ab ... und bald beginnt hier – sowie auch in Fribourg, St. Gallen, Solothurn und am Basler Bischofssitz Pruntrut – die Aera des Barocktheaters.

Eugen Müller,
Schweizer Theatergeschichte,
Zürich 1944, S. 127

Der Jesuit und Dramatiker Jakob Gretser aus Markdorf bei Konstanz verfasst 1586 für die Luzerner Bühne die ‹Comedia de Nicolao› und für die Urschweiz zum Fronleichnamstag sowie zu Ehren des Nikolaus von Flüe den ‹Dialogus de Nicolao Unterwaldio pro festo Corporis Christi›, und zwar in schönen lateinischen Versen:

> «Helvetia, Helvetia, munus Dei
> Agnosce et divina cole, quod festici adhuc,
> Mysterium vel ob Nicolaum, qui tibi
> Hac luce clarius probat tuam fidem.
> Insiste Nicolai semper vestigiis
> Et semper florebis.»

Anton Dürwächter,
Jakob Gretser und seine
Dramen, Freiburg i. B. 1912,
S. 56

Mit anderen Worten: ‹Helvetia, Helvetia, Gabe Gottes ... ewig sollst Du blühen!›

Die Jesuiten sind so erfolgreich, dass der Luzerner Stadtadel 1616 auf sein eigenes Staatsfestspiel verzichten kann. Das Theater ist jetzt fest in Jesuitenhand. Reformierten Kreisen scheint eine solche Entwicklung bedrohlich. In Genf wird 1617 das Schauspiel gänzlich verboten, in Zürich wettert 1624 der Antistes Breitinger gegen diese Art der Volksbelustigung. Doch das stört die Jesuiten nicht. Sie inszenieren weitere Spiele, so z. B. die ‹Japanische Christenverfolgung› und Oehens Comico-Tragoedie ‹Vom Hunger, Krieg und Tod›. Da wirft 1637 Bruder Klaus der Germania Sünden vor ... diesmal eine Einmischung in ausländische Angelegenheiten.

Eugen Müller, S. 38

Germania hat aber auch in ihrer Heimat Auftritte, so beispielsweise in Johann Rist's ‹Irenaromachia› (1630), ‹Das friedewünschende Teutschland› (1647) und ‹Das friedejauchzende Teutschland› (1653). Das ist nun allerdings nicht jesuitisches, sondern patriotisch / protestantisches Theater. Doch auch hier wird mit Allegorien gespielt. «Teutschland erscheint als die sinnesfrohe, weltlüsterne Buhlerin der Fortuna; sie selber vertreibt den Frieden aus ihrem Herrschaftsbereich und lässt sich stattdessen mit fremdländischen Kavalie-

Klaus Sauer & German Werth,
Lorbeer und Palme,
dtv 1971, S. 29

**Titelblatt des Spielbuchs Zug 1672
(2. Aufl. 1701)**

(‹Contrafeth› bedeutet ‹Bild›
[contrefait, Konterfei])

ren ein, die nur auf den günstigen Augenblick lauern, in dem sie ihr das Kleinod Concordia vom Hals reissen können.»

Im 1651 aufgeführten Schäferspiel ‹Margenis oder das vergnügte bekriegte und wiederbefriedigte Teutschland› des Sigmund von Birken wird die Allegorie Germania in verschlüsselter Form als ‹Margenis› (ein Beinahe-Anagramm) dargestellt. Handlung: Die Amazone Margenis lässt sich von Irenian zum Schäferleben bekehren und wird ihrem Geliebten Polemian untreu. Der verschmähte Liebhaber verfolgt Margenis. (Eine ähnliche Handlung finden wir später in Luzern wieder.)

In Luzern verbrennt man unterdessen ab und zu eine Hexe (auch ein beliebtes Spektakel), schlägt sich im Bauernkrieg (1653) mit den Entlebuchern sowie ihren drei Tellen herum und spielt weiter Theater. Es sind nicht nur fromme Märtyrerspiele und Heiligenlegenden, sondern auch politisch / konfessionelle Darbietungen wie z. B. das Dreikönigsspiel 1654 des Jesuiten Johann Peter Spichtig, das sich polemisch gegen die reformierten Kantone richtet.

Eugen Müller, S. 123

Literatur:
Oskar Eberle,
Theatergeschichte der inneren
Schweiz, Königsberg 1929

Unter jesuitischer Leitung spielen Bürger von Zug am 14. und 15. September 1672 auf dem Ochsenplatz das ‹Eydgnössische Contrafeth Auff- und Abnehmender Jungfrauen Helvetiae› von J. K. Weissenbach. Thema: der glorreiche Aufstieg (‹auffnehmend›) und der wegen Zwistigkeiten drohende Untergang (‹abnehmend›) der dreizehn alten Orte. Helvetia – natürlich von einem Jüngling dargestellt – spielt Mittlerin zwischen Gott und den frommen Eidgenossen. In den ersten drei Akten hilft sie ihren Söhnen gegen die Vögte und führt sie zum Sieg gegen Österreich und Burgund. Im vierten Akt jedoch geht es abwärts. Helvetia wird krank und bettlägerig. Im Fiebertraum erscheinen ihr die drei Tellen und rezitieren:

Die Bühne zum Contrafeth.
Federzeichnung von Casp. Muos /
Stich im Spielbuch Zug 1672/1701

«Seynd dann wider aufferstanden
Die Tyrannen diser Landen.
Thun vilicht ihr Kind und Gschlecht
Wider halten Gricht und Recht?
Schlafe nur, Helvetia, wir wissen ja,
Unser Namen lebet doch
In der grechten Hertzen noch.»

Da rappelt sich im fünften Akt Helvetia wieder auf und rettet zusammen mit
Bruder Klaus das Vaterland.

Am 24. Hornung (Februar) 1694 ist in Luzern Tagsatzung. Da präsentieren
die Patres und Zöglinge der Jesuitenschule den ‹Hoch-Ansechlichen
H. H. Ehrengesandten der löbl. Eydtgnosschaft› ein Friedensspiel mit Pallas,
die hier unsere Helvetia vertritt. Und zum Schulende 1698 führen sie den
Barockkrimi ‹Irenae Helvetiae› auf: Helvetia will sich mit dem tugendreichen
Irenarchus vermählen, doch dem bösen Diochobulus passt das nicht. Es
kommt zu einer wüsten Schlägerei ... und schlussendlich zum ‹happy end›.
Die Handlung gleicht verblüffend derjenigen in Sigmund von Birkens Schä-
ferspiel Margenis. Sogar die Namen der Liebhaber Irenius / Irenarchus (‹der
Friedliebende›) sind fast identisch.

Literatur:
Oskar Eberle, S. 99 & 267

1712 ist der Villmerger-Krieg zu Ende, und auch die Jesuiten haben ausge-
spielt. Da und dort gibt es noch vereinzelte Landvorstellungen: 1728 das
‹Contrafeth› in Gliss, 1749 in Lax (mit der ‹edlen Jungfrauen Valesianae› von
J. Steffen) und 1764 in Naters. Dann aber treten Berufsschauspieler an die
Stelle des Barocktheaters. Und bald kommt auch schon Schillers Tell ...

Literatur:
Eugen Müller, S. 152

«Wer meint, er dürfe vor einer Statue nur auf das Gesicht sehen, versteht die Plastik nicht. Die ganze Gestalt muss man betrachten: ihr Ausdruck liegt nicht bloss im Gesicht, sondern in allen Teilen.»
(Friedrich Theodor Vischer, zit. in: Frauenschönheit im Wandel von Kunst und Geschmack von Prof. Dr. Ed. Heyck, Bielefeld / Leipzig 1902, S. 6)

Die Klassik als Vorbild

Helvetia und ihre Schwestern sehen sich ähnlich, auch wenn sie verschieden angezogen sind und andere Attribute mit sich führen. Germania mag Helm und Brustpanzer tragen, Helvetia ihr Nachtgewand, Bavaria ein Bärenfell ... es sind doch unverkennbar Schwestern. Die Allegorien der Staaten sind alle nach demselben Vorbild geschaffen ... nach welchem? Wenn wir zurückblättern in der Geschichte unserer Kultur, so stossen wir im 8. Jahrhundert v. Chr. auf die Beschreibung des Götterhimmels durch Hesiod und Homer. Zeus hat sich da offenbar ganz schön ins Zeug gelegt und mit seiner Gattin Hera sowie weiteren Damen aus seinem Bekanntenkreis eine Reihe von Töchtern gezeugt:

	Status	Ressort
AGLAIA	Grazie	festlicher Glanz
APHRODITE / Venus	Göttin	Liebe
ARTEMIS / Diana	Göttin	Jagd
ATE	Göttin	Verblendung
ATHENE / Minerva	Göttin	Weisheit, Kunst
DIKE / Justitia	Hore	Recht
EIRENE / Pax	Hore	Frieden
ERATO	Muse	Liebesdichtung
EUNOMIA	Hore	Gesetzlichkeit
EUPHROSINE	Grazie	Frohsinn
EUTERPE	Muse	Lyrik, Flötenspiel
KALLIOPE	Muse	Philosophie
KLIO	Muse	Historie
MELPOMENE	Muse	Tragödie
PERSEPHONE / Proserpina	Göttin	Schattenwelt
POLYHYMNIA	Muse	Tanz und Gesang
TERPSYCHORE	Muse	Kitharaspiel
THALEIA / Thalia	Muse / Grazie	Freude, Komödie
URANIA	Muse	Astronomie

und dazu die schöne HELENA, die drei MOIREN (Parzen) ATROPOS, KLOTHO und LACHESIS sowie eine Serie von Nymphen.

Literatur:
Knaurs Lexikon in 20 Bänden,
München 1974

Weiter finden wir im Olymp u. a. die Göttinnen ERIS (Zwietracht), HESTIA (Haus und Herd), NEMESIS (strafende Gerechtigkeit), NIKE / Victoria (Sieg)

Manfred Lurker,
Wörterbuch der Symbolik,
Stuttgart 1979

J. J. Winckelmann,
Kunsttheoretische Schriften,
Dresden & Leipzig 1756
(Faksimile 1962)

Veit Valentin,
Neues über die Venus von Milo,
Leipzig 1883, S. 6

Diodor, 6. Buch,
übersetzt von Ad. Wahrmund,
Stuttgart 1869, S. 5

Marina Warner,
Monuments and Maidens,
London 1985, S. 80

und TYCHE / Fortuna (Schicksal). Unter den Halbsterblichen und Sterblichen wären bei den alten Griechinnen sodann noch die Königstochter EUROPA zu nennen sowie die Hetären PHRYNE und CRATINA.

Welche von diesen illustren Damen ist nun das Vorbild für unsere Helvetia und ihre Schwestern? Wenn wir im Evaluierungsverfahren zunächst alle diejenigen eliminieren, die aus sittlichen / moralischen Gründen oder wegen der Besonderheit ihres Ressorts als Staatsallegorien nicht verwendbar sind wie zum Beispiel die Grazien, Musen, Parzen und Nymphen sowie insbesondere auch Aphrodite / Venus etc., so gelangen wir am Schluss zu Athene, auch Pallas Athene genannt. Diese ist nach Diodor die Tochter des Zeus und dessen dritter Frau Themis oder – wie andere Autoren sagen – direkt Zeus' Haupt entsprungen. Sie ist Göttin der Weisheit und der Kunst, zugleich aber auch Kriegsgöttin, oft mit Lanze, Schild und Aegis (Brustpanzer) dargestellt. Und vor allem führt sie im Gegensatz zu Aphrodite und anderen Mitgöttinnen einen absolut integren Lebenswandel.

«Athena, the virgin goddess who dispenses justice, survives in her purity as a type of Wisdom, and as the Roman Minerva becomes the embodiment of Prudence, another of the cardinal Virtues, established by Christian interpretation of classical moral treatises.» Die jungfräuliche Athene wird also bei den Römern als Minerva zum Sinnbild der Klugheit ... und weil dies auch eine der christlichen Kardinaltugenden ist, so steht einer späteren Verwendung ihrer Person als Staatsallegorie nichts im Wege. Die Obrigkeiten zeichnen sich ja von alters her durch Klugheit aus. Dazu kommt natürlich, dass Athene – obwohl von Natur friedfertig – nötigenfalls auch mit Waffen umzugehen weiss und dabei immer auf der Seite der Guten steht und diesen zum Sieg verhilft. Das tut ja auch der christliche Gott, seien wir nun Schweizer oder Österreicher, Deutsche oder Franzosen.

Von den Römern adoptiert wird nicht allein Athene / MINERVA, sondern fast der gesamte Götterhimmel, inbegriffen Zeus / JUPITER und seine Gattin Hera / JUNO, die Liebesgöttin Aphrodite / VENUS mit ihrem unartigen Söhnchen Eros / CUPIDO, die Jagdgöttin Artemis / DIANA, die Justizgöttin Dike / JUSTITIA und die Siegesgöttin Nike / VIKTORIA. Deren Statuen werden zum Teil in Griechenland requiriert, zum anderen Teil in Rom aus Marmor gehauen, vorwiegend durch Bildhauer griechischer Herkunft. Man verehrt sie zusammen mit den alten etruskischen Holzgöttern sowie mit den Importen aus Aegypten (Isis, Osiris, Anubis...) und mit den sich als Göttern fühlenden Kaisern. Zusätzlich konkretisiert und adoriert man auch abstrakte Begriffe wie Concordia, Libertas und Virtus etc. ... und so entsteht schliesslich ein kaum mehr zu überblickender Synkretismus, ein konfuser Göttermix.

Das ändert sich dann im vierten Jahrhundert. Gemäss Toleranzedikt von Mailand, 313 n. Chr., wird das Christentum öffentlich-rechtlich anerkannt, 337 lässt sich Kaiser Konstantin der Grosse taufen, 391 ist das Christentum römische Staatsreligion, und 440 tritt Papst Leo I. sein Amt an. Die alten Götter sind ‹out›. Der heidnische Neuplatoniker Martianus Capella fasst sie im 5. Jahrhundert für spätere Generationen noch einmal in einer Enzyklopädie

Literatur:
D. W. Bornemann,
Die Allegorie in Kunst,
Wissenschaft und Kirche,
Freiburg i. B. / Tübingen 1899

Links:
Venus von Milo im Louvre
(2. Jh. v. Chr.), hier von hinten
gesehen. «Ein oberhalb entblösstes
Weib», sagt Valentin.
So können wir uns die Helvetia
niemals vorstellen!

Rechts:
Die einarmige Athene
von Velletri im Gipskabinett der
Universität Zürich
(Das Exemplar im Louvre hat zwei
Arme)

zusammen (Die Hochzeit der Philologie und des Merkur), dann verschwinden sie vom Fenster.

Doch nicht ganz: Die Allegorien als Versinnbildlichung moralischer Prinzipien – Concordia, Pax, Pudicitia etc. – dürfen bleiben, Aphrodite/Venus lebt weiter als Personifikation der Sünde, Athene/Minerva wird als Sapientia zum Symbol der Weisheit und des Wissens, Justitia mit ihrem untadeligen Lebenswandel wird Galionsfigur der Justizgebäude, und die geflügelte Nike/Victoria unterzieht sich einer chirurgischen Geschlechtswandlung und tritt dann als Erzengel auf: «So this cipherlike daughter of Styx survived resplendently in the Christian world, her beautiful winged image appropriated to become a holy image of heaven, altered in sex, and as it were baptized, to emerge as an archangel.»

Marina Warner, 1985, S. 80

Das Mittelalter dauert rund tausend Jahre: von 476 (Untergang des weströmischen Reiches) bis etwa 1500 (Entdeckung Amerikas 1492, Beginn der Reformation 1517). Da und dort mag es sich in die Länge ziehen. So wird 1782 – da sind andernorts die Watt'schen Dampfmaschinen und die Cumming'schen Wasserklosetts längst schon in Betrieb – in Glarus noch die Hexe Anna Göldi zum Tode verurteilt und hingerichtet.

Von Beginn an ist dieses Mittelalter geprägt von der christlichen Kirche, die sich in Rom etabliert, die Restbestände der alten Kulturen in abgewandelter Form übernimmt und ein hierarchisch gegliedertes Weltreich aufbaut – nicht zuletzt mit Hilfe von Allegorien. Der Theologe Bornemann äussert sich dazu wie folgt:

Links:
Die Victoire de Samothrace
(Ende III./Anfang II. Jh. v. Chr.)
im Louvre, Paris

Rechts:
Erzengel
aus der Michaelskirche
in Zug (ca. 1490).
Schweiz. Landesmuseum

«Ist es ein Wunder, wenn das ganze kirchliche Leben des Mittelalters mit allen seinen verschiedenen Seiten und Ordnungen durchtränkt ist mit Allegoristik? ... In der mittelalterlichen Dichtung ist besonders die Jungfrau Maria Gegenstand allegorischer Betrachtung. Die Skulptur und noch mehr die Malerei lassen sich von Allegoristik beherrschen ... In den Kathedral- und Klosterschulen und Universitäten wird das Allegorisieren geübt ... Geschichtlich von der grössten Bedeutung aber ist es geworden, dass man im Laufe der Zeit mit den Mitteln der Allegoristik auch den Bau der Hierarchie aufgeführt hat ... Im Laufe der Jahrhunderte hat man mit grosser Findigkeit und Gewandtheit fast alles zusammengetragen, was sich allegorisch im Interesse der Hierarchie verwerten lässt. Unumstrittener Meister ist das Papsttum gewesen; mit Hilfe der allegorischen Methode hat es seit Jahrhunderten alle seine Ansprüche begründet und verteidigt.»

D. W. Bornemann,
1899, S. 30–33

Als Protestant lehnt Bornemann die Allegorik ab ... obwohl er sie in seinen bilderreichen Redewendungen gerne verwendet:

«Die Allegorik liefert nur steife Papierblumen, verfertigt in der Fabrik theologischer Stubengelehrsamkeit oder bei der Putzmacherin Rhetorik, wohlverpackt in Schachteln und dutzendfach käuflich.»

D. W. Bornemann,
1899, S. 34

Und er zitiert auch aus Luthers Schrift von der babylonischen Gefangenschaft der Kirche:

«Solches Spielen mit Allegorien ist eine Beschäftigung für müssige Leute. Oder meinst du, es fiele mir schwer, bei jedem beliebigen erschaffenen Dinge mit Allegorien zu spielen? ... Wer ist so schwachen Geistes, dass er sich nicht in Allegorien versuchen könnte?»

Luthers Werke für das christliche Haus, Braunschweig 1890, Bd. II, S. 491 f

Nach Bornemann hat die Allegoristik wesentlich zur Entwicklung des Katholizismus beigetragen, und andererseits soll die Ablehnung der allegoristischen Methode ein typisches Merkmal des Protestantismus sein. Teilweise mag das stimmen. Aber was soll der Gockelhahn auf den reformierten Kirchen ... repräsentiert er da das Hühnervolk? Steht er nicht vielmehr als Symbol für etwas anderes da? Und welcher Konfession mögen wohl unsere pausbäckigen Weihnachtsengelchen angehören?

Die Künstler der Renaissance lösen sich vom konventionellen Denkschema des Mittelalters und wenden sich zum Teil auch wieder den Themen der Antike zu. Die alten Mythen werden neu entdeckt durch Tizian, Raffael, Cranach, Botticelli ... und Venus entsteigt nach tausend Jahren Mittelalter zum zweitenmal ihrem ‹bubble bath›.

Wie kommen die bildenden Künstler der Renaissance zu ihrem Stoff und zu ihren Vorlagen? Die Thematik ist durch die humanistische Literatur vorgegeben (z. B. Dantes Divina Comedia), und Statuen aus der Antike – obwohl zum Teil etwas lädiert und unter Schutt begraben – finden sich reichlich noch um Rom herum sowie im alten Griechenland. «Man weiss», schreibt Winckelmann in seinen Gedanken über die Nachahmung der griechischen Werke in der Malerei und Bildhauerkunst, «dass er [Raffael] junge Leute nach Griechenland geschicket, die Überbleibsel des Alterthums für ihn zu zeichnen.»

J. J. Winckelmann, 1756, S. 3

Es wird nun also fleissig abgezeichnet, und so entsteht um 1500 das Raffael zugeschriebene venezianische Skizzenbuch, das dann während Jahrhunderten von Hand zu Hand wandert und in den Künstlerateliers als Vorlagenbuch für Gewanddrapierungen dient. Aus dem Nachlass des Malers Giuseppe Bossi gelangt es 1816 in den Besitz des Abbate Luigi Celotti, und dieser gibt es 1829 unter dem Titel Disegni originali di Raffaello in Form von Stichen heraus.

Robert Kahl, Das venezianische Skizzenbuch und seine Beziehungen zur umbrischen Malerschule, Leipzig 1882, S. 7

«Die häufige Wiederkehr ganz ähnlicher Drapierungen, die besonders bei den auf den Boden anstossenden und in vielen Stufen übereinan-

Detail aus dem venezianischen Skizzenbuch

Libertas mit Apfelschuss aus dem Handbuch des Cesare Ripa

Robert Kahl,
1882, S. 112

dergelegten Gewandenden fast zur Abschreiberei wird, zeigt es ja deutlich, wie im Atelier des Meisters gewisse Gewandungsmuster in sorgfältiger Faltenlegung vorbereitet und von der Schar der Schüler peinlich genau nachgezeichnet wurden.»

Ein Vorlagenbuch gibt es auch von Alciati (1531), besonders erwähnenswert ist die 1593 erstmals in Rom erschienene Ikonologie des Marchese Cesare Ripa, eine mehrfach aufgelegte Enzyklopädie der Personifikationen. Reich illustriert ist die Hertel'sche Ausgabe von 1758/60: *«DES BERÜHMTEN RITTERS CAESARIS RIPAE ALLERLEY KÜNSTEN UND WISSENSCHAFTEN DIENLICHE SINNBILDER UND GEDANCKEN VERLEGT BEI JOHANN GEORG HERTEL IN AUGSBURG,* Handbuch für Poeti, Pittori, Scultori et alteri». Hier finden wir mit Tell zusammen eine prächtige Libertas mit Schild und Speer … beinahe die sitzende Münz-Helvetia!

Kultur in Gips

Der Künstler hat ein plastisches Auge, darum braucht er Modelle. Das ist schon bei den alten Griechen so. «Phryne badete sich in den Eleusinischen Spielen», schreibt Winckelmann, «vor den Augen aller Griechen, und wurde beym Heraussteigen aus dem Wasser den Künstlern das Urbild einer Venus Anadyomene; und man weiss, dass die jungen Mädchen in Sparta an einem gewissen Feste ganz nackend vor den Augen der jungen Leute tanzten.» Und er teilt weiter mit, dass Praxiteles die cnydische Venus «nach seiner Bey-schläferin Cratina» gebildet hat.

Ohne Modelle geht es nicht. Nur sind diese leider nicht immer perfekt, und da man ja nach klassischer Schönheit strebt, hält man sich doch besser an die Originalreproduktionen antiker Statuen … an Gipsabgüsse! Lassen wir den Fachmann sprechen, den Bildhauer und Architekten Giovanni Lorenzo Bernini. Er besucht eines Tages – am 5. September 1665 – die Königliche Akademie der Maler und Bildhauer in Paris und sieht im Zeichensaal Bluttes. Da schüttelt er den Kopf und hält die folgende Ansprache:

> «Wenn Sie meinen Rat hören wollen, Messieurs, dann möchte ich der Akademie den Vorschlag machen, Gipsabgüsse von sämtlichen schönen Antiken anzuschaffen: Statuen, Reliefs und Büsten, damit die jungen Leute daran lernen. Man lässt sie die antiken Modelle ab-zeichnen, um ihnen zunächst die Idee des Schönen beizubringen, an die sie sich dann ihr ganzes Leben halten können. Es hiesse sie ver-derben, wenn man sie von vornherein vor das Naturmodell setzt. Die Natur ist fast immer matt und kleinlich, und wenn die Vorstellung der Schüler nur von ihr genährt wird, werden sie niemals etwas Schönes und Grosses schaffen können, denn die natürliche Welt vermag nicht das zu bieten. Wer nach der Natur arbeitet, muss schon sehr ge-schickt ihre Schwächen zu erkennen und zu verbessern wissen, und eben dazu sind die jungen Leute nicht befähigt, wenn man ihnen keine feste Grundlage schafft. Ich will meine Überzeugung mit einem Beispiel belegen. In der natürlichen Erscheinung kommt es bisweilen vor, dass Partien erhaben sind, die flach sein sollten, und andere um-gekehrt flach sind, die erhaben sein sollten. Wer nun vom Zeichnen den rechten Begriff hat, lässt fort, was die Natur zwar bietet, aber nicht bieten sollte, und verstärkt umgekehrt, was da sein sollte und nicht herauskommt. Und dazu – ich wiederhole es – sind die jungen Leute nicht imstande, wenn sie die Idee des Schönen nicht erfasst und be-griffen haben.»

Gips verhilft der französischen Revolution zum Durchbruch. Man reisst 1792 die Reiterstatue Louis XV. vom Sockel, ersetzt sie in aller Eile durch eine Gips-Liberté von Lemot … und das Volk jubelt den neuen Machthabern zu.

In der Schweiz lässt man per Fuhrwerk Gipsbüsten anrollen und stellt sie in den Malakademien auf Sockel. Der Plan für einen kleinen Kunstsaal in Zürich (1799) hat nach den Worten des Initianten Heinrich Usteri hauptsächlich den Zweck, «Abgüsse der besten Antiken, welche etliche Freunde der ächten

J. J. Winckelmann, 1756, S. 8–11

Aus dem Tagebuch des Herrn von Chantelou (Deutsche Bearbeitung von Hans Rose, München 1919/20)

Marina Warner, 1985, S. 31

Zitat nach L. Marfurt-Elmiger, Der schweizerische Kunstverein 1806–1981, Zürich 1981, S. 32/33

Kunst von Bern nach Hause gebracht», in einem Saale zu vereinigen, um sie jeweilen an Dienstagnachmittagen «jüngeren Künstlern zur Übung im Zeichnen und alten Mitgliedern zur Ergötzung» zur Verfügung zu stellen.

Die Hochblüte des Gipsens fällt in die zweite Hälfte des 19. Jahrhunderts. Aus dieser Zeit stammen auch die grossen Abguss-Sammlungen der Kunstmuseen und Bildungsanstalten. In Zürich machen sich besonders die Professoren Gottfried Kinkel und Karl Dilthey um die gemeinsam verwaltete Gipsabguss-Sammlung der Universität und der ETH verdient ... auch wenn sie nicht immer derselben Meinung sind.

Brief Kinkel an Dilthey, 23. September 1872:

«... Die Verpackungspreise und Spesen laufen meist ungefähr auf das Gleiche der Gypspreise ... von Rom waren die Sachen früher etwas theurer als von Paris oder Berlin...»

Brief Kinkel an Dilthey, 16. Juli 1875:

«... bei Ihrer für unsere Verhältnisse und Räumlichkeiten ganz unsinnigen Neigung, Büsten anzuschaffen, von denen einige dazu herzlich unbedeutend sind, werden Sie die Sammlung doch bald wieder in eine Trödelbude umschaffen...»

Wolfgang Beyrodt,
Gottfried Kinkel als Kunsthistoriker, Bonn 1979, S. 409/417

Gipskabinett im Untergeschoss des archäologischen Instituts der Universität Zürich.
«... ein gern besuchter Ort künstlerischer Erbauung...» sagt Prof. Dr. H. Bluemner in: Die Sammlung der Gipsabgüsse, Zürich 1893, S. 6.

Vom Klassizismus bis zur Gründerzeit

Im Jahre 1755 schreibt Johann Joachim Winckelmann in Dresden seine Gedanken über die Nachahmung der griechischen Werke in der Malerei und Bildhauerkunst und übersiedelt dann nach Rom. Giovanni Battista Casanova, ein Bruder des Chevaliers Jacques C. de Seingalt, zeichnet für Winckelmanns ‹Monumenti antichi› Ruinen und Statuen.

Rom wird zum Wallfahrtsort der Frühklassizisten. Zwischen 1780 und 1790 treffen wir da unter den Arkaden und im Caffè Greco an der Via Condotti die Bildhauer Sergel aus Stockholm, Trippel aus Schaffhausen, Zauner aus Wien, Dannecker aus Stuttgart, Schadow aus Berlin und Christen aus Buochs, die Malerinnen Elisabeth Louise Vigée-Lebrun und Angelica Kauffmann, die Maler J. L. David aus Paris, Carstens aus Schleswig und Johann Conrad Gessner aus Zürich, den Maler und Goethefreund Tischbein, Goethe persönlich (allerdings unter dem Pseudonym ‹Möller›) mit seinem Begleiter Heinrich Meyer aus Stäfa… Man kennt sich, trifft sich, portraitiert sich gegenseitig und pflegt Geselligkeit in der arkadischen Versammlung.

Goethe wohnt bei Maler Tischbein, tippt da seine Iphigenie fertig und arbeitet weiter am Tasso

Wer ist wann in Rom?

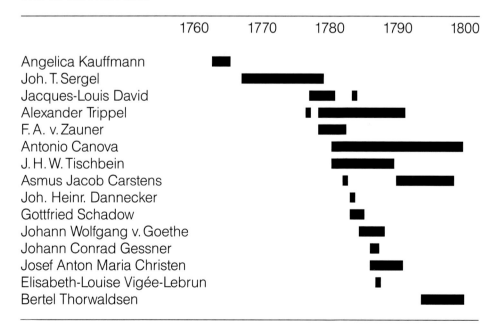

	1760	1770	1780	1790	1800
Angelica Kauffmann					
Joh. T. Sergel					
Jacques-Louis David					
Alexander Trippel					
F. A. v. Zauner					
Antonio Canova					
J. H. W. Tischbein					
Asmus Jacob Carstens					
Joh. Heinr. Dannecker					
Gottfried Schadow					
Johann Wolfgang v. Goethe					
Johann Conrad Gessner					
Josef Anton Maria Christen					
Elisabeth-Louise Vigée-Lebrun					
Bertel Thorwaldsen					

Um die Jahrhundertwende kommt Thorwaldsen angereist und bleibt Jahr-zehnte. Auch Ingres lebt vorwiegend da, insgesamt dreissig Jahre. Der Neu-humanist und Sprachforscher Wilhelm von Humboldt ist beim Vatikan als preussischer Ministerresident akkreditiert.

Eher unter sich bleiben die um 1810 und später zugereisten Lukas-Brüder (‹Nazarener›) Vogel, Overbeck, Pforr und Schnorr etc., sie hausen in einem verlassenen Kloster auf dem Monte Pincio und malen da vorwiegend From-mes.

Warum sehen sich die nationalen Heldendamen alle so ähnlich, warum un-terscheiden sie sich fast nur hinsichtlich Gewandung und Zubehör? Erstens sind (wie im Kapitel ‹Klassik› gezeigt wird) alle nach dem Vorbild der Athene geschaffen, und zweitens sind ihre Gestalter – die Bildhauer des 18. und 19. Jahrhunderts – fast durchwegs miteinander liiert. Das Beziehungsnetz wird im Stammbaum sichtbar: oben die Ahnen und unten die Väter der Allegorien.

Eine Schlüsselfigur ist der heute fast vergessene und in den Lexika kaum mehr erwähnte Bildhauer Alexander Trippel (1744–1793) von Schaffhausen. Schon im zarten Alter von zehn Jahren wird er als Wunderkind Schüler des Johann Chr. Lücke in London und mit neunzehn Jahren Student der Akade-mie in Kopenhagen. Von 1778 bis zu seinem Lebensende wirkt er in Rom und bildet da als Meister der frühklassizistischen Bildhauerei Schüler aus, zum Beispiel Schadow und Dannecker, die dann ihrerseits direkt auf Rauch und Imhof etc. einwirken und indirekt auf Schwanthaler, Schilling, Christen jun., Schlöth und Kissling usw. Trippel selber kreiert keine weibliche Staats-Allegorie, das liegt zu seiner Zeit noch nicht im Trend. Aber man kann ihn immerhin als einen der ‹Urgrossväter› von Bavaria, Austria, Germania, Hel-vetia und Berna bezeichnen.

Thieme-Becker,
1939, Bd. 33, S. 405/406

Grossen Einfluss hat Bertel Thorwaldsen (1768/70–1844) aus Kopenhagen auf die klassizistische Plastik. Seit 1796 lebt er fast immer in Rom und ist da Lehrer und Vorbild von Schwanthaler, Imhof, Rauch, Raphael Christen... In der Schweiz ist er vor allem bekannt für seinen Entwurf zum Söldnerdenkmal in Luzern, das der Konstanzer Steinmetz Lukas Ahorn 1820/21 gegen eine Entschädigung von Fr. 4074.– in zweijähriger Arbeit aus dem Felsen meisselt. Von Bedeutung ist auch der französische Ahnenzweig, er beeinflusst die welschen Helvetiamacher. So ist J. F. Antoine Bovy, der Schöpfer unserer Münz-Helvetia, ein ‹Enkel› von David und Ingres.

Ein weiterer Hauptmeister des frühen Klassizismus wäre Canova, doch seine Technik ist zu glatt und zu kalt für die Realisierung patriotischer Helden-damen.

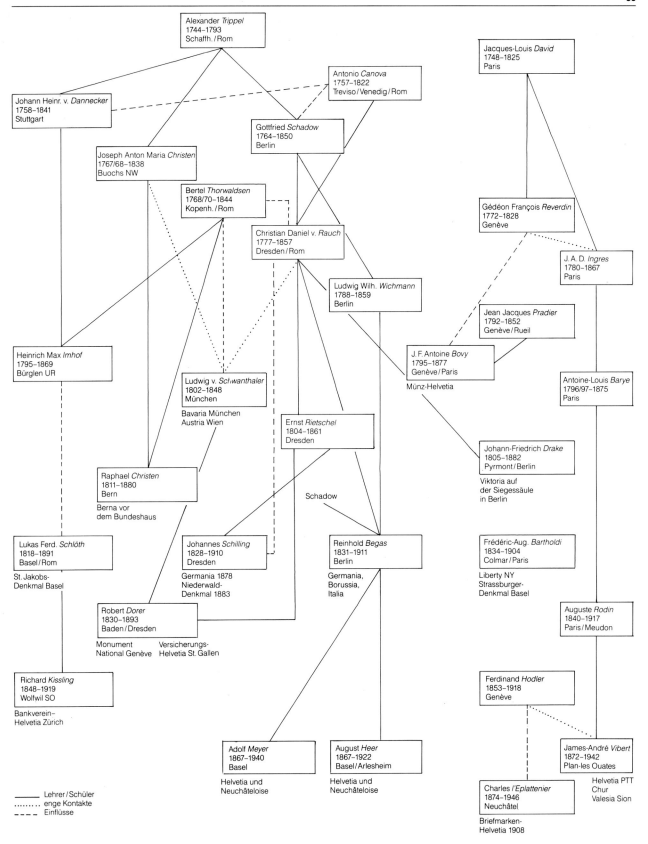

Alexander *Trippel*
1744–1793
Schaffh. / Rom

Jacques-Louis *David*
1748–1825
Paris

Antonio *Canova*
1757–1822
Treviso / Venedig / Rom

Johann Heinr. v. *Dannecker*
1758–1841
Stuttgart

Gottfried *Schadow*
1764–1850
Berlin

Joseph Anton Maria *Christen*
1767/68–1838
Buochs NW

Bertel *Thorwaldsen*
1768/70–1844
Kopenh. / Rom

Gédéon François *Reverdin*
1772–1828
Genève

Christian Daniel v. *Rauch*
1777–1857
Dresden / Rom

J. A. D. *Ingres*
1780–1867
Paris

Ludwig Wilh. *Wichmann*
1788–1859
Berlin

Jean Jacques *Pradier*
1792–1852
Genève / Rueil

Heinrich Max *Imhof*
1795–1869
Bürglen UR

J. F. Antoine *Bovy*
1795–1877
Genève / Paris

Münz-Helvetia

Antoine-Louis *Barye*
1796/97–1875
Paris

Ludwig v. *Schwanthaler*
1802–1848
München

Bavaria München
Austria Wien

Ernst *Rietschel*
1804–1861
Dresden

Johann-Friedrich *Drake*
1805–1882
Pyrmont / Berlin

Viktoria auf
der Siegessäule
in Berlin

Raphael *Christen*
1811–1880
Bern

Berna vor
dem Bundeshaus

Schadow

Lukas Ferd. *Schlöth*
1818–1891
Basel / Rom

St. Jakobs-
Denkmal Basel

Johannes *Schilling*
1828–1910
Dresden

Germania 1878
Niederwald-
Denkmal 1883

Reinhold *Begas*
1831–1911
Berlin

Germania,
Borussia,
Italia

Frédéric-Aug. *Bartholdi*
1834–1904
Colmar / Paris

Liberty NY
Strassburger-
Denkmal Basel

Robert *Dorer*
1830–1893
Baden / Dresden

Monument
National Genève

Versicherungs-
Helvetia St. Gallen

Auguste *Rodin*
1840–1917
Paris / Meudon

Richard *Kissling*
1848–1919
Wolfwil SO

Bankverein-
Helvetia Zürich

Ferdinand *Hodler*
1853–1918
Genève

Adolf *Meyer*
1867–1940
Basel

Helvetia und
Neuchâteloise

August *Heer*
1867–1922
Basel / Arlesheim

Helvetia und
Neuchâteloise

James-André *Vibert*
1872–1942
Plan-les-Ouates

Helvetia PTT
Chur
Valesia Sion

Charles *l'Eplattenier*
1874–1946
Neuchâtel

Briefmarken-
Helvetia 1908

——— Lehrer / Schüler
·········· enge Kontakte
– – – – Einflüsse

Monumentale Plastik

Ludwig I., König von Bayern von 1825–1848, will sich Denkmäler setzen und lässt bauen. Hofarchitekten sind Friedrich von Gärtner und Leo von Klenze. In München entstehen Glyptothek, Pinakothek, Feldherrenhalle und Propyläen...

Den Maler Peter Cornelius beruft der König als Direktor an die Münchner Akademie, dem Bildhauer Ludwig Schwanthaler stellt er eine Halle für Monumentalplastik zur Verfügung. Da beschäftigt Schwanthaler zeitweise bis zu fünfzig Schüler und Mitarbeiter, darunter Robert Dorer aus Baden (Nationalmonument Genf, Versicherungs-Helvetia St. Gallen) und Johann Ludwig Keyser aus Zug (später ETH-Kunstprofessor in Zürich).

Die Walhalla bei Regensburg

«Wir bräuchten eine Ruhmeshalle», sagt eines Tages Ludwig I., «für die grossen Männer deutscher Nation.» Oberbaurat Karl Friedrich Schinkel aus Berlin schlägt ihm einen neugotischen Bau vor, Hofarchitekt Leo von Klenze einen Tempelbau im Stil des Parthenons. Ludwig begeistert sich für den Klenze'schen Vorschlag.

In den Innenraum kommen Gips- und Marmorköpfe, ins Giebeldreieck Allegorien. Ludwig wünscht sich fünfzehn Stück davon. 1829/30 zeichnet

Die Walhalla bei Regensburg (Ausschnitt aus dem Gemälde von Leo von Klenze, 1836/39, Ermitage Leningrad)

Schwanthalers Bavaria auf der
Münchner Theresienwiese (1850).
Der Kopf ist begehbar (Wendel-
treppe) und bietet fünf Personen
Platz. Für eine Mark sind Sie dabei!

Martin von Wagner in Rom die ersten Entwürfe, und Christian Daniel Rauch, einst Kammerlakai der Preussenkönigin Luise, macht aus Knetmasse kleine Modelle. Ludwig hat seine helle Freude an den Figürchen. Er schlägt Rauch zum Professor, ernennt ihn zum Ritter und überreicht ihm einen Beutel mit Goldstücken.

1832 bekommt Ludwig Schwanthaler den Auftrag zur Realisierung der Plastiken. Nach Richtlinien von Professor Ritter von Rauch formt er in Rom die Gipsmodelle und spediert sie dann, sorgfältig in Stroh verpackt, im Sommer 1834 per Fuhrwerk nach Bayern.

1842 ist die Walhalla mitsamt Allegorien fertig. Da sitzen, stehen, schreiten und liegen jetzt Napoleons Besiegerinnen auf dem Giebel herum: in der Mitte thronend Germania, rechts und links von ihr Colonia, Borussia, Hassia, Saxonia, Mogontia, Bavaria, Württembergia, Austria … ja sogar die kleine Luxemburgia darf mit dabei sein.

Schwanthalers Bavaria in München

1837 wünscht sich Ludwig I eine Bavaria. Er bittet Klenze und Schwanthaler zu sich und schliesst mit ihnen einen Vertrag ab. «Monumental soll sie sein, Geld spielt keine Rolle!»

Klenze macht den ersten Entwurf: ein klassizistisch-kühles Weibsbild mit Lanze, Helm und Schild, der Pallas Athene nachempfunden. Das passt Schwanthaler nicht. Er ist zwar auch von klassizistischer Herkunft, doch er hat sich von den strengen Richtlinien seines Lehrers und Meisters in Rom, Bertel Thorwaldsen, etwas gelöst. Im Stil der spätklassizistischen ‹Teutoromantik› (wie man vielleicht sagen kann) entwirft er eine Variante zum Vorschlag Klenzes: Bavaria mit dem Löwen, mit Bärenfell und Eichenkranz. Der Löwe ist bayrisches Staatssymbol, Bär und Eiche sind deutsch. So repräsentiert Schwanthalers Bavaria eigentlich ganz Deutschland … und das gefällt dem bayrischen König. Er gibt sein OK zu Schwanthalers Entwurf, Klenze darf dafür den Sockel bauen. 1840 ist das Tonmodell fertig, 1844/45 macht Ferdinand von Miller den Bronzeguss, und Mitte Oktober 1850 wird – nach einiger Verzögerung – die 15.75 Meter hohe Statue auf der Theresienwiese feierlich enthüllt. Etwas spät vielleicht, denn wegen Lola Montez stürzt Ludwig I. schon zwei Jahre vorher vom Thron. Und Ludwig von Schwanthaler (in der Zwischenzeit geadelt) ist auch nicht mehr dabei.

Literatur:
Hans Ernst Mittig,
Über Denkmalkritik in:
Denkmäler des 19. Jahrhunderts, München 1972

Frank Otten,
Ludwig Michael Schwanthaler,
München 1970

Frank Otten,
Die Bavaria in: Denkmäler des 19. Jahrhunderts, München 1972

Das Nationalmonument in Genf

(Offiziell nach Wienerkongress und Pariserfrieden mit Bundesvertrag vom 7. August 1815)

Am 12. September 1814 tritt Genf de facto dem Bund der Eidgenossen bei. Fünfundfünfzig Jahre später, am 20./21. September 1869 zelebriert man mit etwas Verzögerung die 50-Jahr-Feier. 15'000 Mann mit 600 Fahnen (darunter auch Amerikaner mit dem Sternenbanner) paradieren in einem Festzug durch die Stadt zum Seehafen. Dort enthüllt General Dufour, der Besieger der Urkantone und ihrer Verbündeten im Sonderbundskrieg von 1847, vor einer jubelnden Menschenmenge das von Robert Dorer geschaffene ‹Monument National›. Am zweiten Tag folgt ein Kinderfestchen, und da werfen 4000 Mädchen dem Denkmal Blumensträusse zu, «so dass die beiden edlen Bronzefiguren wie aus einem Blumenbeete sich emporzurichten schienen.» Heinrich Herzog beschreibt das Monument wie folgt:

> «Das Denkmal befindet sich auf dem Landungsplatze der Dampfschiffe, angesichts des schönen Sees und der stolzen Alpen. Auf einem Fussgestell von Granit erheben sich zwei kolossale weibliche Standbilder von edler Schönheit, die kleinere mit der Mauerkrone den Freistaat Genf, die grössere mit dem wallenden Haupthaar Helvetia darstellend, die schützend den rechten Arm um den Nacken der ersteren legt, während die Linke sich auf den eidgenössischen Schild und das gezückte Schwert stützt, mit dem Wahrspruche: ‹alle für einen, einer für alle.›»

Heinrich Herzog, Schweizerische Volksfeste, Sitten und Gebräuche, Aarau 1884, S. 35/36

Robert Dorer aus Baden, Schüler von Schwanthaler, Rietschel und Hähnel, ist ein später Klassizist der Münchner und Dresdner Schule. Sein Biograph R. Wernly hebt «die genial-poetische Beherrschung und Durchgeistigung des harten, kalten Stoffes, seine allzeit durch die ewig gleichen Gesetze des Klassisch-Schönen unerbittlich bedingte Gestaltung der Formen und Bewegungen...» hervor.
Helvetia & aliae sind Lieblingssujets von Dorer. Von ihm stammt das Modell zu einem Nationalmonument vor dem Berner Bundeshaus: «Drei zu feierlichem Bundesschwure vereinigte kräftige Männergestalten krönen die Höhe desselben, während das Piedestal zur Symbolisierung der dreisprachigen Nationalität der Schweiz mit drei sitzenden Figuren (Germania, Gallia, Italia) geschmückt ist.»
Eine Dorer'sche Helvetia ziert – zusammen mit den Allegorien des Handels und der Industrie – das Gebäude der Helvetia-Versicherung in St. Gallen.

R. Wernly, in Brun, Schweizerisches Künstlerlexikon, Frauenfeld 1905

St. Jakob an der Birs

1444 rückt das Armagnakenheer des seinerzeit von Jeanne d'Arc zum König promoteten Charles VII. in die Gegend von Basel vor. Die Stadt selber wird von den Österreichern Friedrichs III. bedrängt. Leider können die Eidgenossen nur wenig Truppen entsenden, denn sie sind gerade mit der freundeidgenössischen Beschiessung der Stadt Zürich beschäftigt, welche unfairerweise mit den Habsburgern paktiert. So kämpfen sie am 26. August bei St. Jakob gegen eine vielfache Übermacht und müssen sich in das ummauerte Siechenhaus zurückziehen. Über das Geschehen berichtet Oechsli in seiner Schweizergeschichte:

Wilhelm Oechsli, Schweizergeschichte, 6. Aufl. Zürich 1933, S. 123–127

> «Bevor sie [die Armagnaken] jedoch zu neuem Sturme schritten, ritt ein deutscher Edelmann, Burkhard Münch, an die Mauer heran und forderte die Eidgenossen im Namen der französischen Hauptleute

Die Helvetia von L. F. Schlöth's
St. Jakobs-Denkmal in Basel (1872).
Spätklassizistik?

Ebenfalls die Helvetia von
L. F. Schlöth's St. Jakobs-Denkmal
in Basel (1872).
Aus diesem Blickwinkel eher
Neobarock!

zur Ergebung auf. Höhnisch rief er aus: «Ich sehe einen Rosengarten, den meine Vorfahren gesät haben!»
Kaum waren die Worte seinem Munde entflohen, so flog ihm aus dem Garten ein Stein ins Antlitz, so dass er tödlich verwundet vom Pferde stürzte. Entsetzen packte die Armagnaken...»

(Der Hauptmann Uli Schick aus Uri soll gemäss H. Herzog diesen Stein geworfen haben)

1832 wird zum Andenken an die Gefallenen ein Denkmal errichtet, das dann aber «wegen mangelhafter Bauart» bald zerfällt. Um 1860 beschliessen dann Stadt und Kunstverein Basel, es durch ein neues zu ersetzen. Die Künstler reichen Entwürfe ein. Der 1844 von Basel nach Rom übersiedelte Bildhauer Lukas Ferdinand Schlöth, der z. Z. gerade das Winkelried-Denkmal in Arbeit hat, modelliert einen verwundeten Fahnenträger über fünf toten Feinden, Arnold Böcklin entwirft eine abgestumpfte Pyramide mit vier Grabeswächtern, der Architekturzeichner Franz Heinrich Baldinger einen gotischen Pfeiler mit Figuren. Auch der Maler Ernst Stückelberg macht mit und beschreibt seinen Vorschlag in einem Brief an Jacob Burckhardt:

«An den Mauern des Siechenhauses lehnen die letzten Gefallenen. Sie haben Ehre und Vaterland gerettet. Trauernd erscheint über den Trümmern die jungfräuliche Helvetia, das Kreuz auf der Brust, im gelösten Haar den Alpenrosenkranz. Sie neigt sich mitleidig, das treu verteidigte Banner zu empfangen, welches ein Jüngling, den Todespfeil im Herzen, emporhält. Erschlagen liegt ein Sohn, dessen Leiche verteidigend sank der Vater. Im Todeskampf blickt der Vierte heiter aus nach der Geliebten. Heldenlohn. Eichenkränze blinken aus Helvetias Hand...»

Zitiert aus Otto Waser, L. F. Schlöth in Brun, Schweizerisches Künstlerlexikon

1861 neigt die Kunstkommission zum Projekt von Baldinger, worauf Jacob Burckhardt seinen Rücktritt erklärt und Schlöth einen neuen Vorschlag einreicht. Schliesslich kommt es zu einem Kompromiss. Schlöth erhält 1866 den Auftrag und erklärt sich bereit, die Ideen Böcklins und Stückelbergs mitzuberücksichtigen. Und so wird dann 1872 Schlöths Plastik feierlich enthüllt: Ein Kalksteinsockel in Form eines Kreuzes, darauf rund drei Meter hoch Helvetia mit Lorbeerkranz und unter ihr vier sterbende Krieger, alles aus Carrara-Marmor. Kostenpunkt: rund hunderttausend Franken, wovon dreissigtausend aus der Basler Staatskasse und der Rest von Spendern. Zur Helvetia soll gemäss Otto Waser eine junge Unterwaldnerin Modell gestanden haben.

Literatur:
Albert Gessler:
Ernst Stückelberg, Basel 1904

Die Goldelse auf der Siegessäule im Berliner Tiergarten wird 1954 neu vergoldet. Ähnlich wie das Baugerüst sieht vermutlich das von Professor Drake erfundene «Hilfsgestell für Aktmodelle» aus.

Höher, höher und höher…

Preussenkönig Wilhelm I. besiegt 1864 bei Düppel in Schleswig die Dänen. Da lässt er seinen Hofarchitekten Johann Heinrich Strack zu sich bitten und gibt ihm Order für ein Monument. Richtlinien erteilt er höchstpersönlich: Eine Säule muss es sein, und es sollen Beutestücke aus dem Krieg zur Garnitur verwendet werden. Strack verneigt sich vor Allerdurchlauchtigstem und macht sich an die Arbeit. Doch kaum ist das Gipsmodell fertig, siegt Wilhelm schon wieder: 1866 in Holstein über die Österreicher. «Höher!» sagt er drum zu Strack, und stracks streckt Strack die Säule um dreissig Fuss.
1869 wird mit dem Bau begonnen: Ein Unterbau aus rötlichem Granit, dann eine kannelierte Sandsteinsäule, garniert mit Kanonenrohren. Und ganz oben…
Doch die Säule muss noch höher sein, denn 1871 feiert Wilhelm seinen dritten Sieg, diesmal über die Franzosen. Zweihundert Fuss hoch ist es nun, das 1873 eingeweihte Monument, drei Säulentrommeln stehen übereinander. Und ganz oben winkt mit ihrem Lorbeerkranz die neun Meter hohe Nike/Viktoria von Johann Friedrich Drake, Rauch-Schüler, Professor an der Königlichen Akademie der Künste in Berlin und (seit 1867) Ritter der französischen (!) Ehrenlegion. Des Bildhauers Modell ist sehr wahrscheinlich dessen Tochter Margarete.
1938/39 versetzt man die Siegessäule vom Königsplatz in den Tiergarten und macht sie bei dieser Gelegenheit durch eine vierte Säulentrommel noch einmal höher. Vielleicht etwas verfrüht…
Natürlich ist es einem Modell kaum möglich, zwölf Stunden oder mehr mit erhobenem Kranz etc. bewegungslos auszuharren. Darum erfindet Drake als gelernter Mechaniker ein Hilfsgestell für Aktmodelle aus Holz, Metall und Lederriemen. Im Bericht der Königlichen Akademie vom 15. November 1852 heisst es:

«Der Professor Drake hat dem Senat das Modell einer von ihm erfundenen sinnreichen Vorrichtung für die bequeme Stellung lebender Modelle bei dem Studium des Nackten im Actsaal vorgelegt, welche grosse praktische Vortheile zu gewähren verspricht.
Selbst schwierige, complicirte Stellungen, deren Festhaltung den Modellen ohne solche Hilfe schwer und oft unmöglich fällt, würden dadurch leicht und natürlich…»)

Literatur:
Reclams Kunstführer Deutschland, Bd. VII, Stuttgart 1977

Volkmar Essers,
Johann Friedrich Drake,
1805–1882, Prestel München
1976 (Bd. 20 der Materialien zur
Kunst des 19. Jahrhunderts)

(Zit. bei Essers, Seite 14)

Drake wird für diese Meisterleistung in den Senat der Akademie gewählt und erhält zudem eine Goldmedaille. Leider ist die Vorrichtung nicht mehr vorhanden, und auch die Entwürfe dazu sind weg. Wir müssen die Phantasie walten lassen... Ganz neu ist die Idee allerdings nicht, schon Tizian bedient sich einer ähnlichen Methode. Heisst es doch in einem alten Limerick:

«While Titian was mixing rose-madder,
His model was tied to a ladder.
Her position, to Titian,
Suggested coition,
So he climbed up the ladder and had'er.»

Leicht modifizierte Version (sat nude on) aus G. Legman, The Limerick (Nr. 757), Panther Books, Granada 1976

Die Germania des Niederwald-Denkmals

225 Meter über dem Rhein zwischen Rüdesheim und Assmannshausen thront prachtvoll die Germania des Niederwald-Denkmals (1883) und glorifiziert da den Sieg über Frankreich (1871) sowie die anschliessende Kaiserkrönung Wilhelms I. im Spiegelsaal von Versailles. Die Statue ist das Werk des Rauch-Epigonen Johannes Schilling und seiner Mitarbeiter (zu denen auch Anton Aloys Brandenberg gehört, der Gestalter des Giebelreliefs ‹die Sage› im Nationalratssaal zu Bern).
Der Pomp-Stil Rauch/Schilling'scher Prägung, der dem Kaiser so gut gefällt, findet nicht ungeteilten Anklang. Am Tage vor der Enthüllungsfeier wollen der Schriftsetzer Reinsdorf und der Sattler Küchler das ganze Niederwald-Denkmal in die Luft sprengen. Weil aber das Pulver nass geworden ist, misslingt der Anschlag ... und die beiden Attentäter werden wegen versuchter böswilliger Sachbeschädigung geköpft.

Dulce et decorum est pro patria mori – es ist süss und ehrenhaft, für's Vaterland zu sterben!

Auch der Kunstkritiker Gurlitt äussert sich kritisch zum Schwulst der heroischen Statuen:

«Ganz Deutschland ist übersät mit den allerlangweiligsten Königen, Generälen, Kirchenfürsten, Staatsmännern, Dichtern, Gelehrten und Künstlern, um die sich im Grunde von dem Augenblicke an, in dem die Bildsäule enthüllt ist, kein Mensch mehr kümmert.»

Und er stellt zudem fest, dass die verschiedenen Heldendamen sich nur punkto Insignien, Gesten und Gewandung voneinander unterscheiden ... und entblösst vom Zubehör kaum identifizierbar wären:

«Die Vorstellung, dass ein Land oder ein Volk, ja beides zusammen ein Weib seien, dass dies Weib die Eigenschaften des Landes und des Volkes so in sich vereinigen könne, scheint mir künstlerisch unverständig; die Hoffnung auf die Verwirklichung dieses Gedankens scheint mir ganz aussichtslos. Wenn man den verschiedenen idealen Weibern auch hier die erklärenden Geräte nimmt, so soll der erst gefunden werden, der eine Borussia von einer Austria, eine Bavaria von

Die neobarocke Germania des Niederwald-Denkmals von Johannes Schilling, 1883.
[Foto Dieter Blum in Stern 22, 24. 5. 1989 / S. 5]

(Tip für Patriotouristen:
Es führt von Rüdesheim aus
eine Seilbahn zum Denkmal.)

Das Bronze-Standbild der Europa in Paris (1877–1878) von Alexandre Schoenewerk. Die Friedenstaube gehört nicht zum Helm, sie sitzt nur zufällig da.
[Foto Eveline Borntraeger-Stoll]

einer Württembergia oder eine Germania von einer Lippe-Bückeburgia unterscheidet. Der Witz liegt also in den Kronen, Wappen, Geräten; das feiste Frauenzimmer aber ist zur Darstellung des Gedankens ganz nebensächlich, nur der Haubenstock für sinnbildliches Gerät.»

Cornelius Gurlitt,
Die deutsche Kunst seit 1800,
Berlin 1924, S. 281/288

The Statue of Liberty

1791 unterbreitet Giuseppe Cerrachi dem US-Kongress das Projekt zu einer hundert Fuss hohen Liberty-Statue, aber es fehlt das Geld. 1805 kauft man bei Jean Antoine Houdon in Paris eine Statue ... doch sie wird 1814 zerstört. Jetzt steht da eine Liberty vom Canova-Schüler Enrico Causici, allerdings nicht von monumentaler Grösse.

Am 4. Juli 1876 feiern die Vereinigten Staaten von Amerika den hundertsten Jahrestag ihrer Unabhängigkeit, und da wollen sich die Amerika-Freunde in Frankreich grosszügig zeigen. Edouard de Laboulaye hat 1865 eine grandiose Idee, Frédéric-Auguste Bartholdi macht mit, die Union Franco-Américaine / French-American Union startet zehn Jahre später eine grosse Sammelaktion:

Belagerung von Washington durch die Engländer im 2. Unabhängkeitskrieg, 1814

SOUSCRIPTION POUR L'ERECTION D'UN MONUMENT COMMEMORATIF DU CENTIEME ANNIVERSAIRE DE L'INDEPENDANCE DES ETATS-UNIS ERIGE EN SOUVENIR DE L'ANCIENNE AMITIE DE L'AMERIQUE ET DE LA FRANCE PAR LES AMIS DES DEUX NATIONS

SUBSCRIPTION FOR THE BUILDING OF A COMMEMORATIVE MONUMENT OF THE CENTENNIAL ANNIVERSARY OF UNITED STATES INDEPENDANCE ERECTED IN REMEMBERANCE OF THE ANCIENT FRIENDSHIP OF FRANCE AND AMERICA BY THE FRIENDS OF BOTH NATIONS

L'Amérique va célébrer prochainement le centième anniversaire de son indépendance. Cette date marque une époque dans l'histoire de l'humanité: au Nouveau Monde, elle rapelle son œuvre, la fondation de la grande République; à la France, une des pages qui font le plus d'honneur à son histoire.

America will very soon celebrate the centennial anniversary of her Independance. This date marks an epoch in human history: to the New World, it records its sublime work, the foundation of the grand Republic; to France one of the most honourable pages of her history.

Aus dem Subskriptionsprospekt
vom 28. September 1875

LA LIBERTE ECLAIRANT LE MONDE / LIBERTY ENLIGHTENING THE WORLD soll die Statue heissen. Bartholdi entwirft Monumentales. In den Fabrikhallen von Monduit / Gaget, Gauthier & Cie, Plomberie et Cuivrerie d'Art in Paris werden aus Kupferblech die Einzelteile zur 46 Meter hohen Statue gehämmert: Kopf, Arme, Fackel, Unabhängigkeitserklärung und Gewandteile. Der fertige Kopf mit Strahlenkranz wird 1878 an der Pariser Weltausstellung gezeigt ... das bringt wieder etwas Geld ein. 1884 werden die zwei- oder dreihundert Einzelteile mit S.S. Isère nach Amerika verschifft, nach Bedloe's Island vor der Stadt New York.

**Gegenüberliegende Seite:
Ein ganz anderes Vorstellungsbild
von der Europa hat Honoré Daumier.
(Equilibre européen im Charivari
vom 8. März 1867 / Abb. 151 aus
Robert Lejeune, H. D., Gutenberg,
Zürich 1964)**

Die Freiheitsstatue auf Bedloe's
Island (1886) von Frédéric-Auguste
Bartholdi. Gesamthöhe ü. M.
93 Meter!

Dort sollte auch schon der Sockel bereitstehen, entworfen von Richard Morris Hunt. Er ist aber noch nicht fertig, man hat Finanzierungsprobleme. Liberty muss warten.

Auch die Assemblage bietet einige Probleme, schwierig ist z. B. das Stützen und Verstreben des fackeltragenden rechten Arms. Aber Bartholdi hat Freunde. Sein ehemaliger Lehrer an der Ecole des Beaux-Arts, der Architekt Eugène Viollet-le-Duc, hilft ihm bei der Planung und Ausführung des Stütz-Gerippes, nach dessen Tod (1879) springt Alexandre Gustave Eiffel ein, der spätere Erbauer des Eiffelturms. Mit etwas Verzögerung wird die Liberty fertig: Die Einweihung ist am 28. Oktober 1886.

Im Gegensatz zu andern Staats-Allegorien (wenn man sie überhaupt als solche bezeichnen kann) ist die Liberty unbewaffnet, unkriegerisch. Bartholdi hat offenbar nicht Pallas Athene zum Vorbild genommen, sondern eher die kettensprengende französische Liberté (wie wir ihr z. B. bei Eugène Delacroix begegnen), entstanden aus der römischen Libertas mit der phrygischen Mütze. Und vielleicht gibt es noch ein weibliches Idol: Charlotte ... Bartholdis dominante Mutter. «The Artist seems to have lived entirely for his work, using it and his filial devotion to compensate for the lack of a woman in his age...» schreibt Pierre Provoyeur. Und weiter: «Bartholdis biographers agree that his mother was probably his only love.» Noch konkreter schreibt Marina Warner, sie erkennt in der Freiheitsstatue Mme Bartholdi mère.

Pierre Provoyeur / Jacques Betz, Bartholdi in His Context in: Liberty, Harper & Row 1986, S. 41/43

Marina Warner, 1985, S. 10

Bern distanziert sich

Das Strassburger-Denkmal in der Basler Elisabethenanlage ist kein nationales Monument. Nichts wird glorifiziert, kein Staat, kein Sieg, kein Held. Zwar ist Helvetia Hauptfigur, doch nicht in heroischer Pose. Der Stifter ist Ausländer, der Bildhauer auch. Da sind die Behörden natürlich skeptisch. Bern distanziert sich, das Denkmal wird höchstens toleriert. Warum?

Im September 1870 wird Strassburg durch deutsche Truppen beschossen. Die Zivilbevölkerung leidet Not. Da organisiert ein privates Hilfskomitee aus der Schweiz die Evakuation von Frauen, Kindern und Greisen aus der belagerten Stadt. Frankreich verliert den Krieg, das Elsass wird von Deutschland annektiert.

Zwanzig Jahre später – das Elsass ist noch immer besetzt – will der aus Strassburg stammende Baron Hervé de Gruyer zur Erinnerung an diese Hilfeleistung ein Denkmal errichten lassen. Er macht hunderttausend Franken locker (zu dieser Zeit eine grosse Summe) und spricht mit dem Bildhauer Bartholdi aus Colmar, berühmt für seine Statue of Liberty. Bartholdi macht Entwürfe, Gruyer setzt sich mit Basel in Verbindung, Basel mit Bern. Der Bundesrat befürchtet, dass Deutschland an einem französischen Denkmal auf Schweizerboden Anstoss nehmen könnte, nimmt die Schenkung nur mit Vorbehalten an und ernennt zur Überwachung der heiklen Angelegenheit eine Kommission: Théodore de Saussure (Präsident der Schweizerischen

Das Strassburger-Denkmal (1895) in Basel von Frédéric-Auguste Bartholdi mit Helvetia (r.), Strassburgia in Elsässertracht (Mitte), geflügeltem Genius (l.) und Kindern.

Die von Jabœuf et Bezout in Paris gegossenen Sockelreliefs erinnern an die Ereignisse von 1870 und an die historische Verbundenheit von Strassburg mit der Eidgenossenschaft.

Literatur:
H. Jenni, Kunstführer der Schweiz, Bern 1939

Ursula Reinhardt in Unsere Kunstdenkmäler XXVIII 1977.2

Kunstkommission), die Bildhauer Alfred Lanz und Charles Iguel, Bundeshaus-Architekt Prof. Hans Auer, Dr. Richard Zutt (Basler Regierungspräsident).

Bartholdi reicht ein Gipsmodell ein, die Kommission waltet ihres Amtes. Sie hätte lieber Bronze statt Marmor und einen anderen Standort, Helvetia sollte etwas dominanter sein, der Genius etwas anders und, und, und ... Bartholdi ist verärgert, beinahe zieht er sich zurück. Doch schliesslich gibt der Bundesrat sein OK. Helvetia darf mit ihren Schützlingen bleiben.

Am 20. Oktober 1895 wird das Denkmal enthüllt, allerdings nur in engstem Kreise. Der Bundesrat lehnt seine Teilnahme in einer gewundenen Erklärung ab, der Stifter ist in der Zwischenzeit gestorben, der Elsässer Bartholdi will die deutschen Stadtbehörden von Strassburg nicht dabeihaben. Eine nicht ganz ungetrübte Feier. Doch immerhin: Die Basler sind stolz auf ihr Strassburger-Denkmal.

Preussen raus!

Nach dem Sturz Napoléons tritt Neuchâtel als 21. Kanton der Eidgenossenschaft bei – paradoxerweise als preussisches Fürstentum. Borussias König nennt sich u. a. Fürst von Neuenburg. Was hat der da zu suchen?

Am 21. März 1848 ziehen Patrioten aus La Chaux-de-Fonds, aus Le Locle und aus dem Val de Travers gegen die Stadt, stürzen die monarchistische

Clique und proklamieren die Republik. Die Tagsatzung unterstützt die Republikaner. Friedrich Wilhelm IV. aber will sich mit dem Verlust seiner vermeintlichen Rechte nicht abfinden und stiftet 1856 die Royalisten zu einem Putsch an. Doch kaum einen Tag lang weht Preussens Flagge wieder auf dem Château. Alle Übeltäter werden gefangengenommen.
Das aber passt Borussia nicht, sie plustert sich auf und macht Drohgebärden. Lässt sich Helvetia einschüchtern?

>Borussia:
>«Der grosse Geist von Preussenland,
>Durch Krieg und Schlachten weit bekannt,
>Der steht vor dir mit Schild und Speer
>Und kam zu deiner Züchtigung her...
>...Nach meinen alten Verträgen und Rechten
>Befehl' ich dir: Lass meine Diener frei,
>Die du richtest mit rechtloser Tyrannei!
>Erfüllst du nicht unbedingt dies Verlangen,
>So bereit' ich dir Schrecken und Zittern und Bangen.
>Aus der Mark und vom Rheine, von Pommern und Posen
>Sollen sie kommen auf schnellen Rossen,
>Meine Gewappneten und Getreuen,
>Sollen nicht Winter, nicht Scharfschützen scheuen,
>Kommen mit Granaten und Bomben und Kanonen,
>Werden weder Basel noch Schaffhausen verschonen,
>Werden beide in Grund und Boden schiessen,
>Und gehorchst du dann nicht, wird sie's nicht verdriessen,
>Auch auf Zürichs und Berns veraltete Schanzen
>Siegreich die preussischen Adler zu pflanzen...»

>Helvetia:
>«So komme denn mit deiner Krieger Schaaren!
>Wir warten deiner mit getrostem Mut;
>Du hast noch nie der Schweizer Kraft erfahren;
>Du sollst sie finden einig, ächt und gut...»

Angesichts dieser resoluten Haltung ist es dem Friedrich nicht mehr ganz geheuer, und darum zieht er im Jahr darauf endgültig seinen Sch... aus der Affäre (Vertrag von Paris, 26. Mai 1857). Vive la république!

Anonym: Helvetia und Borussia. Ein vaterländisches Gespräch in Versen, St. Gallen 1857

Kisslings Bank-Helvetia

Um 1870 residieren in Rom noch immer die Epigonen der klassizistischen Plastik. Da geht auch der junge Kissling hin und bildet sich weiter im Atelier von Schlöth.
Welcher Stilrichtung ist er zuzuordnen? Reiner Klassizismus ist es längst nicht mehr: Man vergleiche etwa mit Canova, mit Thorwaldsen oder J. A. M.

Denkmal der Republik Neuenburg mit Helvetia (busenfrei!) und Neuchâteloise (1898) von August Heer und Adolf Frey

Christen. In Bruns Künstlerlexikon wird Kissling zusammen mit Siegwart, Lanz und Leu als Hauptvertreter der realistischen Plastik in der Schweiz genannt. Doch was heisst nun wieder ‹realistisch›?

Am besten ordnen wir Kissling einfach der ‹Gründerzeit› zu, jener Epoche des rapiden wirtschaftlichen Aufschwungs und der gekünstelten Neo-Stile, die nach 1870 beginnt und punkt 1900 (Geburt des Jugendstils) ihr theoretisches Ende hat. Da finden wir einen bunten Stilmix: Neorenaissance, Spätklassizistik, Neobarock, Neugotik... Es entstehen Brauerei- und Bankierschlösser, pompöse Post- und Bahnpaläste, protzige Kasernen und pathetische Monumente.

Kissling ist um die Jahrhundertwende gutverdienender Nationalbildhauer, gefördert von Wirtschaft und Staat. Beim Zürcher Hauptbahnhof setzt er dem Bahnpionier und Bankgründer Alfred Escher ein Denkmal (1899), für das Tell-Monument in Altdorf (1895) erhält er Fr. 111'924.–, für die Bank-Helvetia fast ebensoviel. Dann macht er weiter das Fontana-Denkmal in Chur (1903), das Vadian-Denkmal in St. Gallen (1904) u.a.m. 1905 ernennt ihn die Universität Zürich zum Dr. h.c. phil. I.

Angetan mit Plissée-Jupe und Schnürmieder, in ihrer Hand auf Bocciakugel ein Zwitterding aus Zeus und Hermes: Kisslings Bank-Helvetia (1901). Ein halbes Jahrhundert lang posiert sie in der Treppenhalle des alten Bankverein-Gebäudes am Zürcher Paradeplatz und verleiht der Institution dezente Würde. Doch zum Neubau aus der Mitte des zwanzigsten Jahrhunderts würde sie kaum mehr passen, beim Abbruch des Altbaus hievt man sie mit dem Kran auf den Schuttplatz. Der Kunstfreund Walter Bechtler kauft sie aus Mitleid zum Schrottwert und stellt sie im Fabrikgelände der Luwa AG in Zürich wieder auf. «Auch eine Bank will sie als ihr Eigentum nicht länger zeigen», schreibt der Veranstaltungskalender (Stäfa). Ein graugetünchtes Gipsmodellchen befindet sich im Kunsthaus Zürich ... vermutlich irgendwo im Keller.

Die Vallesia in Sion/Sitten (1919) von James Vibert

(Max Ernst Hodel in der Ausgabe vom 27. 7. 1984)

Ländlich-sittlich: Cathérine

Eigentlich heisst sie Vallesia, die steinerne Jungfrau aus Sion/Sitten, die an den Beitritt des Wallis zur Eidgenossenschaft (1814) erinnert. Aber von den Einheimischen wird sie schlicht Kathrinchen oder Cathérine genannt, je nach Muttersprache. Denn sie sieht nicht so aus, wie man sich eine Landesmutter gemeinhin vorstellt.

Cathérine ist als einfache Landfrau gekleidet, mit Bauernjupe und Schürze. Und es fehlen ihr die Attribute – Schild, Bewaffnung, Kopfschmuck – die üblicherweise zu den allegorischen Damen gehören und deren Identifizierung ermöglichen. Berna mit Wappenschild und Mauerkrone ist eindeutig als Allegorie der Stadt Bern erkennbar, Germania mit dem adlergeschmückten Brustpanzer als Symbolfigur des deutschen Reiches. Cathérine aber hat keinerlei Kennzeichen, die sie als Vallesia ausweisen könnten.

Zum Schrottwert verkauft:
Kisslings Bank-Helvetia (1901)
aus dem alten SBV-Gebäude am
Zürcher Paradeplatz. Höhe 3.7 m.

Helvetia auf Reisen,
Bronzefigur 1979/80 von
Bettina Eichin auf der Mittleren
Rheinbrücke zu Basel

Was Cathérine in Händen trägt, ist übrigens nicht etwa ein Zwiebelzopf (ein solcher würde eher zu Berna passen), sondern eine Blumengirlande, die da der Mutter Helvetia dargereicht wird.

Helvetia auf Reisen

In der Berner Altstadt, abseits vom Touristenstrom und im neuen Stadtplan nicht vermerkt, gibt es eine kleine Parkanlage. Es ist ein schattiges Plätzchen mit Sträuchern und zwei Bänklein. Vögel zwitschern im Geäst, und Käferchen summen. Sonst ist es still, niemand kommt. Nur manchmal, wenn es ein besonders warmer Tag ist, sitzen einige Magistraten da und denken nach.

Eine Tafel erinnert da an Bundesrat Fridolin Anderwert (1875–1880)

Merkwürdig ist das bemooste Sandsteinpodest in der Mitte des Plätzchens. Auf dem Sockel steht ‹Helvetia›, doch Helvetia steht nicht auf dem Sockel. Paradox! Warum ist sie nicht da, wo ist sie jetzt? Helvetia hat genug von Bern. Jetzt sitzt sie auf einem Mäuerchen zu Basel am Rhein und schaut den toten Fischen zu. Vorbei sind die heroischen Zeiten!

Der Staat und seine Symbole

Der Staat besteht aus einem Territorium mit Regierung, Verwaltungs-apparat und Population. Er verfügt in der Regel über eine Staatsbank mit Prägestempel und Notenpresse, ein effizientes System für Zollerhebung, Steuerbezug und Bestrafung von Übeltätern sowie über eine hierarchisch strukturierte Armee zur Verteidigung gegen aussen und innen. In Demo-kratien regeln Verfassungsartikel das Verhältnis zwischen Bürger und Staats-gewalt.

Das allein aber macht den Staat noch nicht aus. Ein so rudimentäres Gebilde würde von den Bürgern wohl kaum verehrt oder gar verteidigt. Es fehlt die Ideologie. Das konkret zu Erfassende ist eben nur ein Teil vom Ganzen, der Rest ist abstrakt, immateriell, in seiner eigentlichen Gestalt unsichtbar und unhörbar. Es sind ideologische Begriffe wie ‹Staatsidee›, ‹Volksgemein-schaft›, ‹Vaterlandsliebe›, ‹Bürgersinn› und ‹Gemeinschaftsgefühl› etc.

Wie kann man solche Begriffe der breiten Öffentlichkeit erklären? Wie kann man den Leuten klarmachen, dass der Staat verehrungswürdig ist, die Ver-fassung – wie es in der Präambel steht – «im Namen Gottes» gegeben? Wie soll man das – wie man sich in Kreisen der patriotischen Gesellschaften aus-zudrücken pflegt – «in die Herzen der Bürger einpflanzen»? Das Rezept ist uralt, die Religionen tun es seit Jahrtausenden: Man wandelt die Begriffe in Symbole und macht sie damit begreifbar. Und solche Symbole gibt es in erstaunlicher Menge: Es können legendäre, verstorbene oder lebende Personen sein (Generäle als Symbole der Wehrhaftigkeit), bestimmte Gegenstände, Tiere, Pflanzen und Grundstücke, Bauwerke, grafische und akustische Zeichen, legendäre Ereignisse und Allegorien (wie z. B. unsere Helvetia).

Nationale Symbole und Leitbilder (einige Beispiele)

legendäre Personen	Tell, Winkelried, Siegfried, König Artus (King Arthur), Romulus
mythologisierte historische Personen	Niklaus von Flüe, Barbarossa, Jeanne d'Arc
glorifizierte historische Personen	Bismarck, Ludwig II. von Bayern, Napoleon, Garibaldi
glorifizierte Zeitgenossen	Monarchen, Diktatoren, Generäle, bayrische Ministerpräsidenten

(Andere Symbolfiguren wie Uncle Sam und John Bull finden z. B. in der Karikatur Verwen-dung, sind aber kaum Gegen-stand staatlicher Förderung und nationaler Verehrung.)

allegorische Damen	Austria, Bavaria, Britannia, Gallia, Germania, Helvetia, Italia, Liberté, Liberty
legendäre Ereignisse verehrte Gegenstände	Rütlischwur, Apfelschuss, Heldentod Winkelrieds Armbrust, Schwerter, Freiheitsbäume, Zepter, Reichsapfel
nationale Tiere und Fabelwesen	Adler, Doppeladler, Garuda, Hahn, Löwe, Bär
patriotische Pflanzen heilige Haine und Wiesen etc.	Lorbeer, Eiche, Lilie, Alpenrose, Edelweiss Rütli, Hohle Gasse, Teutoburger Wald, Oktoberwiese
Bauwerke	Versailles, Buckingham Palace, Bundeshaus Bern
grafische Zeichen	Kreuz (mehrere Versionen), Armbrust, Liktorenbündel, Sichel und Hammer
akustische Zeichen	Nationalhymnen, Heimatlieder, patriotische Kriegslieder

Diese Symbole und Leitbilder haben wichtige Funktionen: Sie sollen die staatliche Autorität stützen, zum Patriotismus erziehen, den Gemeinschaftssinn fördern, zur Bürgerpflicht ermahnen und die Wehrbereitschaft stärken. Dazu ist Publizität nötig. Tell braucht Monumente und Festspiele, der General Vierfarbendrucke. Die Nationalhymne muss gesungen und die Fahne mit dem nationalen Signet vieltausendfach gehisst werden. Und unsere Helvetia wäre wohl längst vergessen, wenn sie nicht Tag für Tag Millionen und Abermillionen von Auftritten hätte ... auf unseren Münzen.
Die abstrakten ideologischen Begriffe werden also zuerst in erfassbare Symbole umgewandelt, und diese verbreitet man dann mit Werbestrategien und Medien.

Strategien und Medien im Dienste der Staatsidee

Aussenwerbung und Imagepflege	Flaggen, Uniformen, Kokarden, Insignien, Zeremoniell Monumente, Statuen und Büsten
Veranstaltungen	Nationalfeiertage, Schlachtenfeiern, Jubiläen, Paraden, Festspiele, Sänger-, Schützen- und Turnfeste, Umzüge ...
Literatur	Schul-, Geschichts- und Heimatbücher, Jugendschriften, Almanache
Drucksachen	Massendrucke als Zimmerschmuck (Helden, Historie, Monarchen, Generäle), Postkarten mit nationalen Sujets
Presse	Nationales Gedankengut im Titel (z.B. ‹Helvetischer Volksfreund›) und im redaktionellen Teil der Publikationen

PR	Benennung von Städten, Strassen, Plätzen, Brükken, Schiffen etc. nach nationalen Symbolen und Leitbildern (Leningrad, Helvetiaplatz)
Radio/TV	Übertragung von nationalen Tonsigneten, Ansprachen und Anlässen
Sponsoring	Förderung patriotischer Gesellschaften und Veranstaltungen
Direktwerbung	Bürgerbelehrung durch Missionare und andere Vertrauensleute (en vogue zur Zeit der französischen Revolution), offizielle Abstimmungsempfehlungen
Diverses	Nationale Symbole auf Amtssiegeln, Münzen und Briefmarken...

Doch wer steckt dahinter, wer will uns mit Symbolen zur Staatsgläubigkeit erziehen? Wer sind die Auftraggeber und die Planer? Diese Frage ist angesichts der Vielfalt von Symbolen und Verbreitungsmöglichkeiten nicht leicht zu beantworten. In Demokratien mögen es patriotische Vereinigungen sein – in totalitären Staaten sind es zum Teil die Diktatoren selber.

> «Vorne mit Trompetenschall
> ritt der Generalfeldmarschall
> Herr Quintilius Varus...»

tönt es im Studentenlied von der Teutoburger Schlacht. Dieses Schnätterättäng dient gewiss nicht nur der Orientierung der Cherusker, die im dusteren Walde dem Feind auflauern, sondern vor allem auch der würdigen Repräsentanz des römischen Feldherrn.

Von Fahnen wird im Liede nichts gesagt ... man kennt sie in Zentraleuropa erst seit dem neunten Jahrhundert. Und sie sind zu Beginn noch teuer und rar, denn zu ihrer Herstellung braucht es chinesische Seide, die mühsam auf dem Karawanenweg (Seidenstrasse!) herbeigeschafft werden muss. Baumwolle ist kaum aufzutreiben, und Fahnen aus Wolle – besonders bei Regenwetter – flattern zu wenig heroisch.

Eine Flaggenproduktion in grösserem Umfang ist erst nach der Erfindung des mechanischen Webstuhls (1785) durch Pfarrer Edmund Cartwright möglich. Für die französische Revolution kommt diese Neuerung zu spät (Lieferfristen!), man muss sich mit Kokarden und Freiheitsbäumen etc. sowie mit Hinrichtungen und anderen Volksfesten behelfen.

1870/71 läuft die Flaggenproduktion auf Hochtouren, 1914–18 erneut (jetzt auf den 1889 von J.H. Northrop erfundenen automatischen Webstühlen) und ab 1933 erst recht. Schicklgruber schreibt dazu folgendes:

> «Ein wirkungsvolles Abzeichen kann in hunderttausenden von Fällen den ersten Anstoss zum Interesse an einer Bewegung geben.»

Ein solches Signet entwirft der (seiner Meinung nach begnadete) Künstler angeblich sogar selber, mitsamt Parteiabzeichen, Standarte und Armbinden für die Ordnungsmannschaften:

«Ich selber hatte unterdes nach unzähligen Versuchen eine endgültige Form niedergelegt ... und dabei ist es dann geblieben.»

Über die Wirkung des Signets auf die Massen berichtet der Verfasser:

«Im Hochsommer 1920 kam zum ersten Male die neue Flagge an die Öffentlichkeit ... sie wirkte wie eine Brandfackel.»

A. Hitler, Mein Kampf, 1925/27, 519.–523. Aufl., S. 555–557 (Verlag eingegangen)

Erst 25 Jahre später kann der Brand gelöscht werden.

Doch auch in Demokratien sind Symbole und Brimborium der Förderung des Wir-Gefühls dienlich. So sagt z. B. Professor Terrence Deal von der Vanderbilt University (Nashville / Tennessee) 1988 an einem Symposium für Armeeinstruktoren in Münsingen (Berne / Switzerland), «... jede Organisation müsse eine kollektive Identität aufbauen und pflegen. Konstruktive Elemente hierfür seien gemeinsam geteilte Werte und Symbole, Personen und Mythen mit Leitbildfunktionen, verbindende Rituale und nach aussen orientierte Zeremonien...»

(aus einem Bericht in der Neuen Zürcher Zeitung vom 20. Juni 1988)

Die Beispiele zeigen, dass Wappen nicht nur grafische Zeichen sind, Fahnen nicht einfach irgendwelche Textilien, sondern Symbole mit magischem Bedeutungsinhalt. Krieger stehen vor der Fahne stramm und legen Eide auf sie ab, Generäle küssen sie, Volksmassen jubeln ihnen zu. Und es kommt da und dort vor, dass sterbende Helden die Feldzeichen ihrer Truppe mitsamt Stange verschlucken, um sie nicht in die Hände des Feindes fallen zu lassen.

(z. B. der Zürcher Georg Blunschli 1587 in der Schlacht von Etampes [F])

Die Allegorie Helvetia

Was heisst nun eigentlich ‹Helvetia›? Das Wort kann die verschiedensten Bedeutungsinhalte haben. Es mag das Staatsgebiet der Schweiz gemeint sein (etwa auf alten Landkarten), eine weibliche Figur mit Schild und Speer, Pudding, Tafelsenf und Mayonnaise, eine Versicherungsgesellschaft, Schuhwichse, Gasthöfe … je nachdem, in welchem Sinne man es gebraucht. Dasselbe gilt auch für Austria, Bavaria, Hollandia etc.

Es stellt sich zweitens, sofern die oben genannte Dame gemeint ist, die Frage nach der realen Existenz von Helvetia. Hat es sie gegeben? Man kann da nur mit ‹jein› antworten. Als historische Figur wie Mata Hari oder Queen Victoria ist sie nicht nachweisbar, weder zur Zeit der alten Helvetier noch irgendwann später. Denkbar ist es, dass sie als Stammesgöttin und Totempfahl zu Divikos Zeiten vorkommt, denn es gibt ja nachweisbar auch eine Europa, eine Britannia, eine Genava und eine Dea Bibractis etc. Die Anwesenheit der Helvetia beim Gründungsakt 1291 ist hingegen angesichts der damaligen Stimm- und Wahlrechtsverhältnisse unwahrscheinlich. Konkret tritt dann aber Helvetia im 17. und 18. Jahrhundert als Theaterdame sowie im 19. Jahrhundert als Maler- und Bildhauermodell auf. Und heute noch erfreut sie sich der allerhöchsten Wertschätzung … auf unseren Münzen. Es gibt sie, unsere Helvetia – nur hat es sie nie gegeben!

Jetzt stellt sich drittens die Frage nach der Klassifizierung. Ist Helvetia nun eine Märchen-, Sagen- oder Legendengestalt, ein Mythos, eine Metapher, eine Allegorie? Eine Märchenfee ist sie nicht, auch wenn sie manchmal als geflügeltes Wesen dargestellt wird. Dafür ist sie zu wenig poetisch und zu wenig weiblich. Eine Sagengestalt wie Tell kann sie auch nicht sein, denn zur Sage gehört eine Handlung. Helvetia aber ist immer nur Dekoration. Sie sitzt oder steht nur da und vollbringt keine Taten. Auch im Theater spielt sie meistens nur Statistenrollen. Bleiben Mythos, Metapher und Allegorie. Als Mythos oder mythologisierte historische Person (wie etwa Niklaus von Flüe) müsste sie sich selber sein, nicht etwas anderes darstellen. Und Metapher ist sie nur als Wortbegriff: Man sagt ‹Helvetia› und meint Senf. Die bildlich dargestellte Helvetia mit ihren Attributen aber ist Symbol für etwas, sie steht für etwas da: Sie ist eine Allegorie.

Seit 1848 nennt die Schweiz sich offiziell Schweizerische Eidgenossenschaft (Confédération Suisse, Confederazione Elevezia [oder Svizzera], Confederaziun Svizzera). Dazu kommt die lateinische Bezeichnung: Confoederatio Helvetica (abgek. ‹CH›). Das alles ist ein bisschen kompliziert, weshalb Touristen aus Übersee Switzerland oft mit Sweden oder Swaziland verwechseln und dort vergeblich dann die Rütliwiese suchen.

Abb. aus R. Buri & R. Kelterborn, Jahrbuch für die Schweizer Jugend, Bern 1897 (Zeichner unbekannt)

Helvetia in der Helvetik?

Ein kleinlicher ‹Kantönligeist› herrschte überall, schreibt Dr. H. Flach in einer Denkschrift. Er meint damit die Schweiz im 18. Jahrhundert, die dreizehn alten Orte mit ihren zugewandten Orten und Untertanengebieten. Die Kantone haben – abgesehen von der Tagsatzung und einem Söldnervertrag mit Louis XVI., für den sich dann die Schweizergarde 1792 vor den Tuilerien sinnlos opfert – wenig Gemeinsamkeiten. Mass, Gewicht und Währung sowie Folter und Hinrichtungspraktiken sind von Kanton zu Kanton verschieden. Jeder Ort hat seine eigene Armee, und überall werden Zölle und Mautgebühren erhoben. Dazu kommen konfessionelle Spannungen, regionale Streitigkeiten und der ‹Röschtigraben›. Auf dem Land grassiert die Armut (die von den damaligen Nationalökonomen auf die ‹poverteh› zurückgeführt wird), in den Städten die Überheblichkeit der Privilegierten. Groteske Kastenunterschiede gibt es zum Beispiel in Bern, da differenzieren sich die Bürger – offenbar je nach Ernährungszustand – in ‹feste›, ‹edelfeste› und ‹wohledelfeste› Inkarnationen.

Die Aufklärung kommt zwar als dünnes Rinnsal auch in die Schweiz, doch die Regierenden nehmen sie kaum zur Kenntnis, und die arme Landbevölkerung kann mit Rousseau, Montesquieu und Voltaire nicht viel anfangen, mit Ausnahme vielleicht von Bauer Kleinjogg (Jakob Guyer aus Wermetschwil), der mit Gelehrten Umgang pflegt. Doch immerhin befasst man sich in den Kreisen der 1761 von Isaak Iselin, Salomon Gessner, Salomon Hirzel, Heinrich Schinz und anderen Idealisten gegründeten Helvetischen Gesellschaft mit den Problemen der Zeit und sucht – wenn auch nach heutigen Begriffen dilettantisch – nach Mitteln und Wegen zur Verbesserung der sozialen, politischen und kulturellen Zustände. Gemäss § 1 der Statuten von 1766 will man «... Triebe zu schönen, guten und edlen Thaten ausbreiten und Friede, Freyheit und Tugend durch die Freunde des Vaterlandes auf künftige Alter und Zeiten fortpflanzen.»

Helvetia taucht in dieser Gesellschaft nur selten auf, obwohl man sich da ‹helvetisch› nennt. Die meisten Mitglieder sind reformiert, Helvetia aber – wie man sie vom barocken Jesuitentheater her kennt – gilt als katholisch. Als ‹schüchterne Helvetia› wird sie von Isaak Iselin im Vorwort zu ‹Balthasars Träumen...› kurz erwähnt, und als Personifikation des Vaterlandes kommt sie in Pfarrer Bridels Jahreskalender vor.

«Das Grosse [der Grossteil] des Volks ist bei fernem nicht gebildet, immediaten Anteil an der Verwaltung der Landesregierung oder auch nur an der Gesetzgebung teilzunehmen.»

J. H. Pestalozzi, Ja oder Nein?, verfasst 1792/94, in: Ausgewählte Werke, Berlin 1963, Bd. II, S. 58

Literatur:
Karl Morel, Die Helvetische Gesellschaft, Winterthur 1863

Ulrich im Hof, Die Helvetische Gesellschaft, Frauenfeld 1983

Philippe-Sirice Bridel, Etrennes helvétiennes et patriotiques (ab 1789)

Illustration von Karl Jauslin zum Titelblatt ‹Vor hundert Jahren› von Dr. H. Flach, Zürich 1898

Lollipop zum Jubiläumsjahr 1989: Marianne mit der Jakobinermütze

*) auszugsweise wiedergegeben im Kitsch-Lexicon von Gert Richter

zitiert nach K. Eggenschwyler, Die Förderung der nationalen Kunst durch die Eidgenossenschaft, Bern 1887

1789 bricht in Frankreich die Revolution aus und schwappt dann bald auch auf die Schweiz über. Die ‹Aufgeklärten› begrüssen sie freudig und überschwenglich, so zum Beispiel auch der Volkserzieher Johann Heinrich Pestalozzi und der Zürcher Pfarrer Johann Caspar Lavater … der dann allerdings zu seiner eigenen Verwunderung an einer französischen Kugel stirbt.

1798 marschieren die Franzosen ein, plündern die Staatskassen und entwenden sans scrupules Tells Armbrust (die sie dann fairerweise später wieder zum Kauf anbieten). Sie etablieren mit Hilfe von Sympathisanten einen zentralistischen Einheitsstaat mit Marionetten-Regierung. République helvétique une et indivisible heisst das Kunstgebilde: Eine und unteilbare helvetische Republik. Und die Eidgenossen werden, obwohl ihnen dieses Fremdwort nicht recht passt, zu ‹Helvétiens› resp. ‹Helvétiennes› gemacht. Der francophile Basler Stadtschreiber und Zunftmeister Peter Ochs (dessen Nachfahren sich später in ‹His› umbenennen lassen) verpasst dem Satellitenstaat eine Verfassung nach französischem Vorbild, das sogenannte Ochsenbüchlein (gedruckt in Paris Ende Januar 1798). Material und know-how für Werbung und PR werden von Paris gleich mitgeliefert: Liberté, Marseillaise, Jakobinermütze, Freiheitsbäume, Amtsroben und rot / grün / gelbe Nationalkokarden sowie fixfertige ‹Software› für Organisation und Betrieb des helvetischen Propagandaministeriums.

Unter dem Deckmäntelchen der Kulturförderung macht dieses ‹Bureau de lumières national› (Bureau für National-Kultur) Werbung für den Staat. Oberster Chef ist Philipp Albert Stapfer, Professor in Bern, die Geschäftsführung liegt in den Händen des publizitätserfahrenen Johann Heinrich Daniel Zschokke aus Magdeburg, dem bündnerischen Patrioten und Verfasser von Volksliedern (Mein Ländchen etc.) und Schauerromanen (Abällino, der grosse Bandit, Almontade, der Galeerensclave*), Man organisiert patriotische Feiern, inventarisiert die Kulturgüter, stellt Akademiker und Künstler in den Dienst der nationalen Sache.

> «…das Vaterland blickt mit gleicher Liebe auf alle seine Söhne herab und umarmt sie ohne Unterschied. Auch ihr, edle Künstler, habet auf des Vaterlandes zärtliche Aufmerksamkeit gerechte Ansprüche. Eure Muse, die sonst nur allein dem Solde des Auslandes dienstbar war, weiht sich nun dem Vaterland…»

heisst es in einem Zeitungsaufruf Stapfers vom Februar 1799. ‹Zur Beförderung des vaterländischen Gemeingeistes und des wahren Patriotismus› gründet man am Sitz der Zentralregierung die ‹Litterarische Societät des Cantons Luzern› … und verbietet dann später alle anderen patriotischen Vereinigungen.

Das Büro gibt u. a. auch zwei Zeitungen heraus: für die Gebildeten (‹la classe éclairée du peuple›) die Helvetische Zeitung und für die unteren Volksklassen (‹la classe dernière et la plus ignorante›) das Helvetische Volksblatt. Die Abonnentenzahl des Volksblatts ist natürlich gering, denn das Volk kann nicht lesen. Also lässt die Redaktion ihr Blättchen durch Gastwirte, Lehrer,

Barbiere und Pfarrer verteilen. Wird auch dann nicht gelesen, dann treten die sogenannten ‹Missionarien› in Aktion: vaterlandstreue Beamte, die von Gasthof zu Gasthof ziehen und den Leuten Patriotisches vorlesen sollen, wie zum Beispiel das folgende Gedicht von Zschokke:

> «Triumph, Triumph, Helvetia!
> Stolz war des Feindes Droh'n,
> Dein Alpenthron bleibt immerdar
> Der Freiheit ewiger Altar,
> und jeder Schweizer schwöret da:
> Gesegnet sey Helvetia!»

Literatur:
Daniel Frei,
Die Förderung des schweizeri-
schen Nationalbewusstseins,
Diss. Zürich 1964

Carl Hilty, Öffentliche Vorlesungen über die Helvetik,
Bern 1878

Heinrich Zschokke,
‹Eine Selbstschau›,
Aarau 1842

Leider funktioniert das nicht reibungslos, denn viele Beamte sind zu dieser Zeit des Lesens und Schreibens nicht kundig. Doch immerhin tritt in der Helvetik die Helvetia wieder auf, und zwar erstmals als gesamtschweizeri-sches und überkonfessionelles Freiheitssymbol. Das offzielle Staatssiegel schmückt zwar gemäss Beschluss der helvetischen Zentralregierung vom 12. Mai 1798 der alte Revolutionsheld Tell, Helvetia aber (oder ist es Liberté?) wird jetzt in der Presse verehrt: In den Eidgenössischen Nachrichten sitzt sie mit Pflug, Hirtenstab und Tellenhut, in der NZZ steht sie als Titelschmuck da. Populär wird sie allerdings kaum bei den Eidgenossen, denn sie ist ein fran-zösisches Frauenzimmer, importiert aus Paris. Die Ähnlichkeit mit der Visiten-karte der Besatzungsmacht ist nicht zu übersehen.

**Visitkarte von General Masséna
[Artefakt TS]**

Die Helvetik dauert nur wenige Jahre, von 1798 bis 1803. Es folgt anschlies-send die Mediation, und da gibt es wieder den ‹Kantönligeist›, das Régime der alten Familienclans und bürgerliche Rechte exklusiv für die Mitglieder der Haus- und Grundeigentümerverbände. So heisst es zum Beispiel in der von Napoleon diktierten ‹Constitution du Canton de Berne› über das Wahl-verfahren:

> «Nul ne peut être placé sur la liste des candidats, s'il n'est bourgeois,
> âgé de trente ans, et propriétaire d'un immeuble ou d'une créance hy-
> pothécaire de 20'000 f. suisses...»

Acte de Médiation 1803,
Kapitel IV, Ziffer XVIII

Nach 1815 ändert sich nicht viel, von Demokratie spürt man noch wenig. Da und dort kommt es zu Revolten. Helvetia sitzt in ihrer Felsenhöhle am Gott-hardpass und wartet auf bessere Zeiten. 1831 empfängt sie einen anonymen Berichterstatter, und dieser dichtet das Folgende:

> «An eine Felswand angelehnt
> Sann einst Helvetia den Zeiten nach;
> Am Rand des Abhangs lag die Lorbeerkrone;
> Beängstigt schlug ihr Herz, der Busen hob
> Sich schnell empor, der Schmuck des schönen Haupts
> Hing los, es floss nachlässig das Gewand,
> Die feuchte Glut entglitt den Augenliedern,
> Es quoll der Seufzer aus der vollen Brust.
> Bekümmert hob der Friede seine Schwinge,

(sic!)

Aus dunkler Wolke stieg der Krieg: Da sprach
Sie, was dem Blatt das Wort der Muse treu
Hier anvertraut:
(Es folgt Helvetias Klagelied..)

Hier hob die Göttin sich. Den Lorbeerkranz
Nahm sie zur Hand, ihr blaues Auge floss
In hellen Schein. Sie sah mich, führte mich
Hin durch die Kräuterflur bis zu der Höhe,
Vom Sonnenlicht beglänzt, im Angesicht
Des Schneegebirgs, das blendend weiss und rein
Ob dem Geländ des Vaterlandes ruhte.
Erhoben schwebte sie, verklärt im Blick,
Und von der Lippe strömte: «Sänger, sieh
Herab auf dieses Land. Es ist das Land,
Das Vaterland, das lieblich schön vor dir
Um Europ's Scheitel thront...»
(Es folgt Helvetias Lobgesang...)

Der Göttin klares Antlitz sprühte. Hoch
Begeisternd hauchte es aus ihrem Mund:
«Komm, eilen wir herab von dieser Höhe;
Den Lüften nicht nur, nicht dem Fels allein
Vertrauen wir den Wunsch, die Klage, komm
Hinunter in das Thal, und in die Gauen,
Wo nur ein Strahl von Tugend glüht, lass uns
Zur Flamme ihn erhöh'n! Kommt Söhne, eilt
In den Senat: Dort schwebe um euch ich,
Entfessle den Gedank' des Patriots,
Das furchtlos starke Wort, das nur für Recht,
Für Wahrheit, Würde, Kraft und Eintracht spricht,
Und nimmer vor dem Wahn der Menge bebt.
Unsichtbar steht um euch Helvetia,
Flösst in die Brust die Treu zum Vaterlande!»
Sie sprach's; und die Gestalt zerfloss. Und wie
Wann mild der West in dem erwachten Jahr
Die Flur erfrischt, und Balsam nur, und Wonn'
Und Schönheit weit an eine Erde breitet,
umsäuselte die reine Luft mein Haupt,
Und Purpur flog an das Geländ,
Und an den Alpenkranz.»

HELVETIA
ein Gedicht auf die gegenwärtige Zeit von einem Freunde der Eintracht und gesetzlicher Ordnung, Zürich 1831

Helvetia im Bundeshaus

Anno 1848 wird der schweizerische Bundesstaat gegründet. Nach einer Volksabstimmung mit rund 70 Prozent Ja-Stimmen erklärt die Tagsatzung am 12. September die neue Bundesverfassung als ‹anmit feierlich angenommen›, und schon am 6. November ist die erste Bundesversammlung. Da ist in Bern ‹grosser Bahnhof›, obwohl es noch gar keinen gibt. Die Herrschaften – 111 National- und 44 Ständeräte kommen grösstenteils per Kutsche angereist und versammeln sich zum Bankett im alten Theater (später in ‹Café du Théâtre› umbenannt). Am 16. November werden die ersten Bundesräte gewählt: Furrer (Präsident), Munzinger, Naeff, Druey, Ochsenbein, Frey-Herosé und Franscini.

Ende November 1848 macht die Bundesversammlung Bern zum Bundessitz, obwohl Luzern schöner und Zürich weltoffener ist. Weil geeignete Lokalitäten fehlen, tagt man grüppchenweise im Bernerhof, im Wilhelm Tell und im Schweizerhof. Doch das sind nur Provisorien – der Bundesrat strebt nach besserer Repräsentanz und schreibt 1850 einen Architekten-Wettbewerb ‹bezwecks Errichtung eines Bundespalastes› aus. Der Auftrag geht an den Berner Architekten Friedrich Studer, bekannt für seine pompösen Hotelbauten in Bern (Bernerhof) und Interlaken (Victoria, Jungfrau, Métropole, Beau-Rivage, Ritschard). Am 21. September 1852 ist Grundsteinlegung, und schon am 5. Juni 1857 kann der Bundesrat Einzug halten. Prachtvoll steht der Bau da, er ist dem Münchner Palaststil nachempfunden und durchaus vergleichbar mit den Repräsentativbauten in Berlin, Wien und Paris usw. Auch der Komfort kann sich sehen lassen: Die bundesrätlichen Pissoirs im ersten Stock sind gemäss Lieferantenverzeichnis mit Marmor aus St. Triphon und Carrara ausgekleidet, die Personaltoiletten im zweiten mit Schiefer.

Nur ist es vor allem innen noch etwas kahl, es fehlen die Statuen, und es fehlt auch der Wandschmuck. Deshalb entschliesst sich 1865 der Bundesrat, ‹zur Überprüfung der anstehenden Frage der künstlerischen Gestaltung des Bundesratshauses› eine aus Künstlern und Kunstkennern zusammengesetzte Kunstkommission zu bestellen. In das Gremium aufgenommen werden neben Bundesrat Dubs (Vorsteher des Departementes des Innern) der Architekt Studer, die Kunstmaler François Diday und Ernst Stückelberg, der Bildhauer Raphael Christen sowie die Herren Dr. Stanz aus Bern und Professor Lübke aus Zürich. Die Kommission arbeitet Vorschläge aus, Bundesrat Dubs verfasst eine Botschaft an die h. Bundesversammlung ‹betreffend Ausschmückung des Bundesratshauses›. Daraufhin nimmt die Bundesversammlung auf Anregung von Nationalrat Grunholzer grosszügig eine

Arnold Jaggi,
Die Gründung unseres Bundesstaates, Bern 1948

Offizieller Führer durch das neue schweizerische Bundeshaus in Bern, Bern 1902

Gleich einer Insel im wogenden Meere
liegt friedlich die Schweiz vom Kriege umtobt,
Dass keiner der Staaten mit Krieg sie verheere,
Haben mit Ehrenwort alle gelobt.

Comme une île de paix au milieu des tempêtes
La Suisse est à l'abri des horreurs de la guerre,
Les États tout puissants qui bordent ses frontières
Ont respecté ses droits et les promesses faites.

Die Friedensinsel: das Berner Bundeshaus auf einer Ansichtskarte (Edition K. Essig, Basel 1915)

J. J. Kummer:
Bundesrat Schenk, Bern 1908,
S. 411

erste Rate von Fr. 5'000.– für die künstlersiche Ausstattung des Bundesrats-hauses in das Budget 1865 auf.

Bundesrat Dubs findet das knauserig, ihm schweben dreihunderttausend Franken vor – für Ölgemälde, Bildsäulen, Erzpostamente, Treppenhausmale-reien usw. – verteilt auf fünfzehn Jahre. «Damit gedachte er … durch Werke der Kunst dem Volke die Heldentaten der Väter und die Manifestationen der sittlichen Weltordnung vor Augen zu führen», schreibt der Biograph Kummer. Der Bundesrat zeigt sich kollegial und befürwortet den Dubs'schen Entwurf zu einem Bundesbeschluss … doch die Bundesversammlung tritt auf diese Vorlage gar nicht ein. Es bleibt vorläufig bei den fünftausend Franken. 1866 folgt noch eine Nachzahlung von Fr. 2'396.26, und dann geschieht lange nichts mehr. Die National- und Ständeräte haben andere Probleme, denn in-zwischen ist ihnen der Bundespalast zu klein geworden. Also schreibt man 1885 wieder einen Architekten-Wettbewerb aus, diesmal für die erste Aus-bauphase. Der erste Preis geht an den Zürcher Architekten Alfred Friedrich Bluntschli, den Auftrag aber erhält der Architekt Hans Wilhelm Auer, Schüler von G. Semper (Zürich) und Th. Hansen (Wien), der dann ab 1890 auch Mit-glied der Eidgenössischen Kunstkommission ist. Von 1888 bis 1892 wird ge-baut … und schon 1894 beginnt die zweite Ausbauphase, wiederum unter der Leitung von Auer. 1902 ist das Bundeshaus in seiner heutigen Form voll-endet.

Die Meinungen über den pompösen Bau sind nicht ungeteilt. So berichtet J. B. (hinter diesen Initialen verbirgt sich vermutlich Joseph Balmer) 1902 in seinem Kommentar:

«Hr. Otto Vautier, Präsident der GSMB widmet in Nr. 21–27 in L'Art suisse, dem offiziellen Organ der Gesellschaft, dem Parlamentsgebäude folgende Betrachtung:
‹Nagelneu, massiv und klotzig steht nun der neue Bundespalast da… Stattdessen mussten wir von einem unserer Bundesfamilienväter, demselben, welcher uns seit drei Jahren auf die Segnungen des Hoffens hinweist, hören, dass die harmonischen Linien des Gebäudes Symbole der nationalen Harmonie usw. seien.›
Indem so Hr. Bundesrat Ruchet gerade das in seiner Festrede feierte, was nun einmal nicht so ist und auch nicht mehr zu ändern ist, hat es im Herzen aller wahrer Schweizerkünstler den Schmerz über den Zusammensturz ihrer schönsten Hoffnungen erneuert.»

J. B. (Joseph Balmer),
Die Kunstpflege in der Schweiz und deren Unterstützung durch den Bund, Luzern 1902, S. 39–40

Was uns aber hier interessiert, ist nicht der Bau an sich, sondern dessen künstlerische Ausschmückung. In erster Linie suchen wir natürlich nach nationalen Leitbildern. Was gibt es da zu sehen?

Das Inventar der Bildhauerarbeiten und Malereien usw. finden wir im offiziellen Führer durch das neue schweizerische Bundeshaus in Bern aus dem Jahre 1902. Ganz vollständig ist es allerdings nicht, denn einiges ist erst später dazugekommen, so zum Beispiel das von Albert Welti begonnene und 1912/14 von Wilhelm Balmer vollendete fünfteilige Fresko ‹Landsgemeinde› im Ständeratssaal.

Den besten Platz hat das Wandgemälde von Charles Giron im Nationalratssaal, im Zusammenhang mit Berichten aus dem Bundeshaus wird es auf dem Bildschirm und in der Presse immer wieder gezeigt. Es soll die Wiege der Eidgenossenschaft darstellen, das legendäre Rütli.

Heute haben sich die Parlamentarier weitgehend an dieses Bild gewöhnt, früher aber dürften die Betrachter oft etwas irritiert gewesen sein. Der bereits genannte Anonymus J. B. schreibt 1902:

Die Wiege der Eidgenossenschaft von Charles Giron

J.B./S.39

«Hr. Giron hat es vorgezogen, in seinem grossen Wandgemälde diese Wiege in Nebel zu hüllen, aus dem nur der Kamm der Fronalp und die Mythen herausblicken. So entstund das Vexierbild ‹Wo ist der Friedensengel?› … Selbst Mitglieder der Nationalversammlung in grosser Zahl, Männer, die jedem Zweier Waadtländer ohne Zittern in die Augen blicken, werden beim Anblick dieser ‹Wasserleiche› nervös…»

Ob es sich da nun einfach um Nebelschwaden, um einen Friedensengel oder sonst etwas handelt, muss der Phantasie des Betrachters überlassen bleiben. Wenn man das Vexierbild einige Zeit auf sich einwirken lässt und dann – wie viele Parlamentarier es tun – die Augen vor der Realität verschliesst, dann entsteht vor dem geistigen Auge allmählich das Bild der Helvetia, wie sie mit wallenden Gewändern über der Rütliwiese schwebt.

Bedeutende Maler wie etwa Amiet und Hodler sind im Bundeshaus nicht vertreten, denn sie sitzen weder in der Eidgenössischen Kunstkommission noch in der ‹Kommission zur Ausschmückung des Bundesratshauses› und werden von diesen Institutionen auch nicht gefördert. Man will solche ‹Entartete› nicht haben und wehrt sich gegen die Avantgardisten. So sagt Charles Giron über Hodler:

zitiert bei Johann Winkler, Missstände in der schweizerischen Kunstpflege, Bern 1911

«Que dire de ce portefaix qui s'appelle Guillaume Tell? Les œuvres maniérées n'ont jamais eu dans l'histoire de l'art, que nous sachions, la vie longue.»

Und Dr. Johann Winkler doppelt nach:
«Nach meiner Auffassung ist die schweizerische Kunst durch die Hodler'sche Malerei und ihr Epigonentum auf eine tiefere Stufe heruntergebracht und in bedenklicher Weise geschädigt worden.»

Nicht viel besser ergeht es Amiet in der Kritik von Winkler:
«Die Impressionisten stellen koloristische Effekte über die Bedeutung des Inhaltes, ja selbst über die reale Wahrheit. Kuno Amiet ist der Agent des fix und fertig in die Schweiz importierten Impressionismus.»

Ernst Stückelberg hingegen ist konform. Er darf 1854 für das Bundeshaus eine ‹Stauffacherin› malen und wird 1865 Mitglied der Kommission zur Ausschmückung der heiligen Hallen.

Gehen wir nun zur Bildhauerei über: Die Figur des Tell im Nationalratssaal ist vom Vela-Schüler Antonio Chiattone aus Lugano, die ‹Stauffacherin› hingegen von dessen jüngerem Bruder Giuseppe. Die Brüder Chiattone werden manchmal verwechselt, denn beide haben mit der Weltausstellung 1900 zu tun: Giuseppe als Mitglied der Jury und Bruder Antonio als Gewinner des Grand Prix.

Die Statuen Winkelrieds und Niklaus von Flües in der Kuppelhalle des Parlamentsgebäudes sind von Hugo Siegwart aus Luzern, dem Schüler von Widnmann (München) und Falguière (Paris).

Der Rodin-Schüler James André Vibert von Plan-les-Ouates ist Schöpfer der Plastiken Friede und Freiheit (1903) an der Nordfront und Rütli-Gruppe und Landsknechte (1914) in der Kuppelhalle des Parlamentsgebäudes (abgebil-

det 1941 auf einer Briefmarke). Richard Kissling macht Giebelreliefs (Wachsamkeit) für die Kuppel, Adolf Meyer aus Basel ein Fries an der nördlichen Wand der Kuppelhalle.

August (Rodo) von Niederhäusern aus Vevey gestaltet Schlusssteine für die grossen Fenster der Südfront des Parlamentsgebäudes und eine Giebelplastik für die Nordfront. Gemäss J. B. soll letzteres eine Helvetia-Gruppe sein, nach Jenny hingegen ist «die Freiheit zwischen Legislative und Exekutive» dargestellt.

Hans Jenny in Kunstführer der Schweiz, Bern 1939

Weiter gibt es noch die Statuen des Gelehrten, des Kaufmanns und des Bauern von Natale Albisetti, das Giebelrelief ‹Die Sage› von Aloys Brandenberg, die Bären von Urs Eggenschwyler im Vestibul des Parlamentsgebäudes, Schnitzereien von Hans Huggler und Ferdinand Huttenlocher, die Statuen des Kriegers, Handwerkers und Künstlers von Alfred Lanz, die Greifen und Adler von Anselmo Laurenti, die Statuen des Geschichtsschreibers und des Journalisten von Maurice Hippolyte Reymond, Medaillons von Antonio Soldini... Und auf dem Brunnen vor dem Bundeshaus steht das Bronze-Standbild der Berna vom Thorwaldsen-Schüler Raphael Christen.

Helvetia ist im Bundeshaus kaum vertreten. Liegt das wohl daran, dass man da bis tief ins 20. Jahrhundert hinein keine Frauen haben will? Und warum wohl wird das Projekt des Schwanthaler-Schülers Robert Dorer nie ausgeführt: das Nationalmonument in Bern mit Germania, Gallia und Italia... obwohl der Projektverfasser 1888 Mitglied der Schweizerischen Kunstkommission ist? Aus dem Bundeshaus ist diesbezüglich nichts zu erfahren.

Der Brunnen vor dem Bundeshaus
mit der Berna von Raphael Christen
(1858)

In Silber geprägt

Der Schweizerfranken wird 1799 geschaffen. Man prägt Einfranken-, Zweifranken- und Vierfrankenstücke, der Franken hat zehn Batzen, der Batzen zehn Rappen. Die Einheitswährung der ‹Einen und unteilbaren helvetischen Republik› setzt sich aber nicht durch, und mit der Mediationsverfassung (1803) geht die Münzhoheit an die Kantone zurück. Bald hat jeder Ort wieder sein eigenes Geld: Kreuzer, Batzen und Dublonen, Schillinge, Taler und Ecus, Plapparte, Franken, Rappen, Groschen und Blutzger usw. Geldwechsler feilen die Münzen dünn (‹Schummelpfennige›) und bereichern sich an den Spänen, Fälscher vergolden Kupfermünzen und verkaufen sie als Dukaten, andere giessen Silbergeld aus Zinn. Die Währung ist total vergammelt, der Münzen-Wirrwarr kaum zu überblicken. Der Zürcher Staatsarchivar und Chronist Gerold Meyer von Knonau schätzt die Zahl der Münzsorten, die nach 1815 in der Schweiz zirkulieren, auf ‹etwa 707›, Wilhelm Oechsli beziffert sie für die Zeit vor der Währungsreform auf dreihundert. Der Zahlungsverkehr und das Füttern der Parkuhren usw. gestalten sich äusserst umständlich. Wo bleibt Helvetia?

Die Schweiz, 1909, S. 469

W. Oechsli, Schweizergeschichte, Zürich 1933

Mit der Bundesverfassung von 1848 geht das Münzregal definitiv an den Bund über, und gemäss Bundesgesetz vom 7. März 1850 wird für das schweizerische Münzsystem der französische Münzfuss angenommen (ein Franken = un franc). Aus Paris kommt auch das Design der neuen Münzen, der Bund beauftragt den dort lebenden Genfer Médailleur J. F. Antoine Bovy mit der Gestaltung. Bovy (1795–1877) ist Klassizist, beeinflusst von Emile Reverdin (Schüler von J. L. David und Freund von Ingres), er bildet sich weiter aus beim Bildhauer Jean-Jacques Pradier in Paris, wird Chevalier de la légion d'honneur und hat beste Referenzen: Louis Philippe, Franz Liszt, Chopin, Kaiserin Eugénie, General Dufour, Napoléon III., Queen Victoria, Emir Abd-el-Kader… Für alle diese Persönlichkeiten prägt er Medaillen. Zudem gestaltet er Münzen für den französischen Staat (den Auftrag erhält allerdings ein anderer), pour la République et le Canton de Genève (Fünf- und Zehnfrankenstücke 1842) und für das Eidgenössische Schützenfest 1842 in Chur (½ und ¼ Batzen).

Literatur:
Schweizerische Münzkataloge (Schweizerische Numismatische Gesellschaft) 1959/1965/1972

Jacques Mayor, Notice des Médaillons et Modèles d'Antoine Bovy, Genève 1891

Brun, Schweiz. Künstlerlexikon

Diesem J. F.-Antoine Bovy erscheint im Traum die Landesmutter … und so entsteht in seinem Pariser Atelier um 1850 die sitzende Helvetia. Schildbewehrt sitzt das Idol auf einem Pflug und weist mit seiner Rechten in die Zukunft. «Le visage est d'une jeunesse, d'une douceur qui ne laissent rien à désirer, les cheveux ont une grâce, une souplesse qui reportent la pensée aux monuments de l'art grec», schreibt Gustave Planche. Gemeint ist zwar

(zitiert von D. Baud-Bovy in Brun's Künstlerlexikon, 1905, S. 190)

Bovy's Medaille von Mme de R. ... die Beschreibung trifft aber auch auf unsere Münz-Helvetia zu.

Auch Schützentaler stammen aus der Hand Bovy's, so zum Beispiel Solothurn 1855 (sitzende Helvetia), La Chaux-de-Fonds 1863 (sitzende Helvetia) und Schaffhausen 1865 (Helvetia mit Tellensohn vor dem Munot). Und 1874 graviert Bovy – er ist jetzt gegen achtzig Jahre alt – nach der am 23. März desselben Jahres bundesrätlich abgesegneten Vorlage des Berner Malers und Zeichners Albert Walch auch unser heutiges Münzbild: die stehende Helvetia mit Schild und Spiess.

A. BOVY INC[t]

steht heute noch auf unseren (leider nicht mehr aus Silber geprägten) Zweifranken-, Einfranken- und Fünfzigrappenstücken.

Gewiss ist unsere Münz-Helvetia etwas antiquiert. Unzeitgemäss ist die Coiffure, etwas füllig die Figur (Unterarme!). Und auch das Kleid, das griechisch-römische, ist nicht der letzte Hit. Doch man hat sich so daran gewöhnt...

Marina Warner, Monuments and Maidens, 1985, S. 45/49

Da und dort entdecken wir auf Münzen die Schwestern der Helvetia. Britannia gibt es auf römischen Kupfermünzen, dann wieder im 17. Jahrhundert auf Farthings und Halfpennies (dargestellt ist gemäss Marina Warner möglicherweise Frances Stewart, Duchess of Richmond und Geliebte von Charles II.) und weiter auf dem Florin von 1895. Da posiert mit Dreizack und Schild als Beherrscherin der Meere und Beschützerin des Empire des Münzmeisters Tochter Susie, spätere Lady Hicks-Beach.

Auf Münzen finden wir weiter Italia, Marianne, Liberty ... und auf Banknoten beispielsweise Bavaria (5 Gulden 1866), Badenia (10 Gulden 1849), Austria (100 Gulden 1858) und kurioserweise Germania auf einer chinesischen 5-Tael-Note von 1907 (Deutsch-Asiatische Bank).

Die Schweiz ist punkto Notengeld im Rückstand. Erst 1881 wird ein Gesetz über die Ausgabe und die Einlösung von Banknoten erlassen: Der Bund kann Banken zur Ausgabe ermächtigen; er leistet aber für die Einlösung

keine Gewähr. Zudem ist niemand gehalten, Banknoten an Zahlungsstatt anzunehmen. Auf Basis von Abschnitt 4 / Art. 18 schreibt der Bundesrat ein einheitliches ‹Formular› vor, und er lässt in diesem Sinne vom Berner Zeichnungslehrer und Maler Albert Walch eine Banknoten-Helvetia zeichnen.

1907 wird dann die Staatsbank (Nationalbank genannt) gegründet, und seit 1911 gibt es einheitliche Schweizerische Banknoten. Helvetia ist darauf nicht abgebildet, obwohl sie sich da prächtig ausnehmen würde … fast ebenso prächtig wie Germania auf der 100-Mark-Note von 1910.

Doch zurück zu unseren Münzen: Neuerdings treten Reformer auf und fordern deren Modernisierung, wobei Helvetia entweder aus dem Verkehr gezogen oder zumindest dem Zeitgeist angepasst werden soll. Beim Bund ist ein ‹Vernehmlassungsverfahren› im Gange, und es liegen auch bereits konkrete Entwürfe vor.

ein vertreter der konstruktiven kunstrichtung (und auch der kleinschreibweise) schlägt im auftrag der bankiervereinigung viereckige münzen mit einem symbolischen kleinen ‹h› und ohne jedes beiwerk vor, wobei die einzelnen werte sich einzig durch ihre kantenlänge unterscheiden. Die Offiziersgesellschaft wünscht sich eine uniformierte Helvetia mit moderner Bewaffnung, die religiös motivierten Armeegegner hingegen sind eher für eine waffenlose Allegorie (z. B. Friedensengel). Die Grünen und die FKK-Bewegung plädieren für splitternackt (pfui!). Rechtsradikale Randgruppen wollen die Form des Kreuzes leicht modifizieren, Linksradikale fordern prinzipiell die Abschaffung des Geldes.

Ein Kompromiss ist schwer zu finden. Aber soll man sich über das Münzbild noch Gedanken machen? Bald haben wir ohnehin nur noch Plastikgeld …

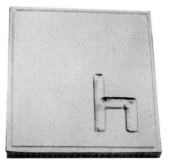

«Ein Weib soll nicht des Mannes Wehr tragen und ein Mann nicht Weiberkleider anziehen; denn wer solches tut, der ist dem Herrn ein Greuel.» (Moses, Deut. 22.5)

Mit und ohne Zähne

Seit 1843 gibt es in der Schweiz Briefmarken. Wie man diese aufzukleben hat – die Vorschrift gilt heute noch, denn die PTT lehnen SK-Marken ab – gibt die Zürcher Postverwaltung Ende Februar 1843 im kantonalen Amtsblatt bekannt:

> «... diese Frankaturzeichen werden auf der Rückseite benetzt und auf die Adresse des Briefes aufgedrückt, jedoch so, dass die Schrift dadurch nicht verdeckt wird.»

(aus 100 Jahre schweiz. Postmarken, PTT 1943)

Mit der Annahme der Bundesverfassung von 1848 wird die Post ein gewinnträchtiges Staatsmonopol (Art. 43, Postwesen). Die alten ‹Baslertäubchen› und andere regionale Wertzeichen werden zu Makulatur, als Übergangslösung gibt es Lokal- und Rayon-Marken.

Für die Gestaltung der neuen, gesamtschweizerisch gültigen Briefmarken wird 1851 von Bern aus die folgende offizielle Weisung erlassen:

> «Alle Staaten haben dasjenige Bild angenommen, das ihre Silbermünzen ziert, sei es das Brustbild des Königs oder der Königin, sei es der deutsche Adler usw. Für Republiken passt dagegen das Symbol der Nation, irgend eine schöne weibliche Figur mit entsprechendem Wappen.»

Man übernimmt das seit 1850 bestehende Münzsujet und beauftragt den Münchner Médailleur C. F. Voigt mit der Ausarbeitung. Ab 15. September 1854 ist die zuerst von der Druckerei Weiss in München und dann später in der Berner Münzstätte im Relief-Buchdruck hergestellte ‹sitzende Helvetia› am Postschalter erhältlich: 2 Rappen, 5 Rappen ... bis 1 Franken. Sie hat keine Zähne, dafür einen Seidenfaden. In Sammlerkreisen wird sie ‹Strubeli› genannt, wohl wegen der Frisur. Der Druck ist etwas verschwommen, die Farben sind matt, Helvetia wirkt wie ein Negativ. Mit Spiess und Schild bewaffnet sitzt sie da und schaut nach vorne.

1862 bekommt Helvetia Zähne, dreht ihren Kopf um 90° und blickt nach rechts (auf der Marke natürlich spiegelverkehrt von rechts nach links). Ausserdem hat sie jetzt ein Chignon, das ist eleganter als die ‹Strubeli›-Frisur.

Der deutsch-französische Krieg geht vorüber, Madame Curie erfindet das Telefon, Graham Bell entdeckt das Radium ... und Helvetia bleibt sitzen, immer im gleichen Kleid, zwei Jahrzehnte lang.

Von 1882 bis 1907 wird Helvetia dann stehend dargestellt, in Anlehnung an das neue Münzbild. Zwischenhinein muss einmal das Wappenschild geändert werden, denn gemäss Bundesbeschluss vom 12. November 1889 gelten für die Darstellung des Schweizerkreuzes neue Vorschriften.

Ein Vierteljahrhundert später, 1907, bekommt Helvetia endlich ein neues Kostüm. Der Hodler-Schüler L'Eplattenier (der dann 1924 auch den beliebten ‹Fritz› bei Les Rangiers kreiert), nimmt ihr Speer und Schild weg, gibt ihr dafür ein Schwert und lässt sie wieder sitzen. Jetzt blickt Helvetia nach links (auf der Marke nach rechts), denn von links droht Gefahr. In alternativen Buchhandlungen ist neuerdings das Kapital von Marx zu haben. Zwanzig Rappen bis zwei Franken kostet die Helvetia mit Schwert, und für zehn, zwölf oder fünfzehn Rappen ist sie als Brustbild zu haben (auch von L'Eplattenier). Doch unserer Helvetia erwächst Konkurrenz. Nicht sie allein ist Nationalsymbol, es gibt ja auch noch den Tell mit Sohn, und darum steht jetzt auf den kleinen Werten (zwei, drei und fünf Rappen) der Tellenknabe von Albert Welti.

Die alte Theaterdame (von Albert Welti so betitelt) lässt sich aber nicht so leicht vom Fenster verdrängen, weder vom Sohn noch vom Vater Tell, dessen Kopf – von Kisslings Tell-Denkmal in Altdorf entliehen – seit 1910 auch Briefmarken ziert. 1909 kommt sie fast jugendstilhaft als Brustbild heraus, 1913 hat sie mit Dirndlkleid und Matterhorn einen Auftritt auf der ersten Pro Juventute-Marke. 1933 und 1940 – da ist sie längst im Rentenalter – klebt sie wieder sitzend mit Schwert auf den Briefen … um dann 1948 zur Hundertjahrfeier des Bundesstaates auf einer Jubiläumsmarke in den Himmel zu entschweben. Da sind Tell und Sohn längst passés. Zwar taucht 1941 auf einer 60er-Marke der stämmige Hodler-Tell auf, doch das Schlusswort hat Helvetia. Als Museumsstück zeigt sie sich noch ein letztes- und bis dato allerletztesmal auf Briefmarken: 10 Rp. Nationale Briefmarkenausstellung 1965 und 25 Rp. VSPhV 1990.

Auch Helvetias Schwestern posieren gerne. Britannia beispielsweise reist schon 1851 per Segelschiff nach den Barbados-Inseln und sitzt dort den Graveuren Perkins, Bacon & Co. mit Spiesschen und Schild Modell für eine Briefmarken-Serie. Das gleiche Sujet findet auch für Trinidad und Mauritius Verwendung. Die berühmte ‹blaue Mauritius›, 1847 vom Uhrmacher Barnard in Port Louis gestochen, trägt allerdings das Bild von Queen Victoria (damals in den Jugendjahren). In Monarchien werden ja auf Münzen und Marken vorzugsweise lebende Allegorien abgebildet.
Der Franzose liebt die Polygamie, darum wechselt er oft von Céres zu Liberté und von Liberté zu Marianne etc. Die Italiener verehren eine Symbolfigur mit Mauerkrone (‹Italia› oder ‹Roma›), die Amerikaner ihre ‹Liberty› und die Deutschen von 1900 bis zur Inflation 1920 die von Professor Waldraff kreierte ‹Germania› mit Brustschutz und Kaiserkrone. Abgebildet ist da die Berliner Schauspielerin Anna Führing (spätere Frau von Strantz in Berlin-Wilmersdorf).

«Das Wappen der Eidgenossenschaft ist im roten Felde ein aufrechtes, freistehendes weisses Kreuz, dessen unter sich gleiche Arme je einen Sechsteil länger als breit sind.»

Arthur Welti,
Wie das Tellenbüblein auf unsere Briefmarken kam,
in DU Nr. 11, 1943

Kurt Karl Doberer,
Kulturgeschichte der Briefmarke,
Frankfurt a. M. 1973, S. 90/91

Das Theater des 18. Jahrhunderts

Zu Beginn des Jahrhunderts werden da und dort nach jesuitischem Muster noch Barockspiele aufgeführt, doch um die Jahrhundertmitte tendiert das Theater zum Realismus. Samuel Henzi schreibt 1749 in Alexandrinerversen sein Tellendrama Grisler ou l'ambition punie und wird (vielleicht zum Teil auch aus anderen Gründen) anschliessend in Bern hingerichtet. Ausgesprochen theaterfreundlich ist man da offenbar noch nicht. Dennoch treten dann ab 1758 in der Schweiz die ersten Berufsschauspieler auf: die Konrad Ackermann'sche Schauspielergesellschaft. In Bern, Solothurn, Baden, Aarau, Zurzach und Luzern spielt man mit grossem Erfolg den Tell. Helvetia macht nicht mit, denn Henzi's Schicksal bedrückt sie noch immer. Gezeigt werden dafür die allegorischen Figuren ‹Tyrannei› und ‹Freiheit›.
1775 tut sich auch Johann Jacob Bodmer aus Zürich als Theaterdichter hervor und gibt seine Schweizerischen Schauspiele heraus, u. a. Der alte Heinrich von Melchthal im Land Unterwalden oder die ausgetretenen Augen und Wilhelm Tell oder der gefährliche Schuss. Es sind Werke von hoher patriotischer Gesinnung, verfasst zwecks Förderung der Vaterlandsliebe beim Volke. Und weil Bodmer Geschichtsprofessor ist, sind seine Werke historisch fundiert. So erfahren wir zum Beispiel aus dem Tell interessante Einzelheiten über die familiären Verhältnisse unseres Nationalhelden.

Joh. Jacob Bodmer (1698–1783)

> Gessler: «Bist du verheurathet?»
> Wilhelm: «Ja, lieber Herr, mit einem Weibsbilde. Es sind itzt acht Jahre, dass ich das Joch trage.»
> Gessler: «Mit einem Weibsbilde? Wunderbar! Hast du Kinder?»
> Wilhelm: «Mein Weib ist nur einmal in die Wochen gekommen, mit einem Knaben; sie sagt, dass ich sein Vater sey, und ich glaube es auf ihre Ehre.»

Johann Jacob Bodmer,
Wilhelm Tell oder der gefährliche Schuss, 1775, 3. Auftritt, S. 7

Bodmer hat zwar auch Positives geleistet: so zum Beispiel die Manesse-Liederhandschrift, das Nibelungenlied und Wolframs Parzival wiederentdeckt sowie Kontakte zu Wieland, Goethe und Klopstock gepflegt ... aber seine Dramen kann man nicht aufführen. «Das beste an den Stücken ist ihre Kürze», schreibt W. Widmann, und er fährt fort: «Bodmer schädigte sein Ansehen durch diese gründlich verfehlten Dichtungen; als mildernder Umstand kommt sein hohes Alter in Betracht: er zählte bereits 76 Jahre, als er diese misslungenen Schweizerischen Schauspiele herausgab.» Und M. Stern doppelt nach: «... seine antikisierend-historisierenden oder aus der

Martin Stern,
Das Festspiel des 19. Jh. in der Schweiz, Bern / Frankfurt / New York 1986, S. 190

Bibel oder der vaterländischen Geschichte geschöpften Dramen blieben hoffnungslos bühnenfremd.»

Ein Kassenschlager ist hingegen das Tellendrama des ehemaligen Jesuiters Joseph Ignaz Zimmermann, Professor für Rhetorik und Poesie in Bern. Es wird mehrfach gedruckt und in einer Reihe von Städten aufgeführt, so z. B. am 28. Juni 1779 in Basel durch die Dobler'sche Wandertruppe. «Die Direktorin Madame Dobler» – schreibt Widmann – «leitete diese Festvorstellung mit einem von dem Magister Becker verfassten Prologe ein, in dem es u. a. heisst:

‹Heil! ... so lange jedes Glied mit Eifer sich bestrebt, so lange Selbstgefühl in jedem Busen lebt ... etc.›»

Wilhelm Widmann, Wilhelm Tells dramatische Laufbahn und politische Sendung, Berlin 1925, S. 15

Tell mit Sohn: das Staatssymbol der Helvetik

Johann Georg Sulzer, Allgemeine Theorie der schönen Künste, 2. Aufl. Leipzig 1794, S. 260/261

In Zürich hingegen muss dieser Busen unterbleiben. Da gewinnt das Tellenschauspiel von Johann Ludwig am Bühl den ersten Preis in einem Wettbewerb und wird am Berchtoldstag 1792 uraufgeführt. Doch es dürfen, ‹da es zunächst für Schulknaben berechnet war, keine Weiberrollen darin vorkommen›. Helvetia bekommt kein Engagement!

Im Prinzip hat man zwar nichts gegen das Theater einzuwenden, aber es muss sittlich und staatserhaltend sein. Johann Georg Sulzer fordert in seiner Allgemeinen Theorie der Schönen Künste (1771/74) ein öffentliches Festspiel, das jährlich für das Volk zu veranstalten sei, als ‹Fest zur Feier der Epoche seiner Freyheit›. Und er sagt das als Fachmann für Publizität:

«Jeder Staat hat seine öffentliche politische Feste, zu deren Feyer die Gemüther sich von selbst etwas erwärmen, und wobey die Menschen insgemein in mehr als gewöhnliche Empfindsamkeit gerathen. Wenn nun bey solchen Gelegenheiten noch ein öffentliches Schauspiel hinzu käme, das besonders eingerichtet wäre, den besonderen Eindruk, den die Feyerlichkeit auf die Gemüther zu machen hat, zu unterstützen: so könnte man ohne Zweifel ungemein viel damit ausrichten.»

J. H. Pestalozzi, Ja oder Nein?, in ‹Ausgewählte Werke›, Berlin 1963, Bd. II, S. 54/55

Der Volkserzieher Pestalozzi hält seinen dürren Zeigefinger hoch und plädiert für die Abschaffung des Theaters. Shakespeare ist ihm ein Greuel. «Eure Sinne seien tot für alles, was durch eines Engländers Hand geht oder auch nur auf einem Brett schwimmt, an das ein Engländer Anspruch macht», schreibt er 1792/94. Zwecks Wiederherstellung der Schamhaftigkeit fordert er sodann patriotische Openair-Festivals.

Bern mischt sich auch ein. Im Winter 1796/97 gründet man da eine Gesellschaft von Staatsmännern, Gelehrten und gebildeten Kaufleuten, welche nun hofft, «die helvetische Bühne würde bald etwas Eigenes und Vollkommenes von allen Bühnen der benachbarten Länder vorausbesitzen, indem sie besonders unter der Aufsicht unserer Obrigkeiten und dazu verordneter Censoren ein wohltätiges Mittel in den Händen des Staates würde, Gemeinsinn, Vaterlandsliebe, ächten, schweizerischen Nationalgeist zu ernähren und zu begünstigen.»

Eugen Müller, Schweizer Theatergeschichte, Zürich 1944, S. 231

Ganz einheimisch bleibt das Theater dann allerdings nicht: Am 18. Februar 1804 vollendet Schiller seinen Wilhelm Tell, am 17. März wird das Schauspiel auf der Weimarer Hofbühne erstmals aufgeführt und bald darauf auch in Luzern – wenn auch mit mässigem Erfolg. Ein neues Jahrhundert ist angebrochen. Vielleicht kommt Helvetia doch wieder auf die Bühne.

Auf den Bühnen des 19. Jahrhunderts

Schillers Tell ist erfolgreich, doch von Helvetia hört man wenig. Seit dem Ende des Barocktheaters ist sie ohne Engagement.

Mehr Popularität geniessen ihre Schwestern. Johanna Baltz lässt in ihrem Rührstück ‹Als Luise starb› – zur Erinnerung an die 1810 auf Schloss Hohenzieritz bei Neustrelitz jung verstorbene Preussenkönigin Louise – Germania und Borussia auftreten. Clemens Brentano präsentiert 1813 in seinem glücklicherweise nie aufgeführten Stück ‹Am Rhein, am Rhein› eine ganze Schar von Allegorien: Flussgötter und teutsche Nymphen schwimmen zu einem Meeting mit Germania beim alten Kaiserstuhl zu Rhense. Dort wird der Becher der Eintracht aus dem Rhein geborgen und der schlafende Adler geweckt. Am Schlusse singt der Nymphenchor «Heil dir, Germania...»

1815 ist Napoleon endgültig aus deutschen Landen vertrieben, und das muss gefeiert werden. Man führt Des Epimenides Erwachen von Goethe auf ... aber noch eindrücklicher ist ein mit barocker Allegorik angereichertes Plagiat: Des Epimenides Urtheil von Karl Levenzow, das am 16. und 17. Juli im grossen Berliner Operntheater aufgeführt wird. Da treten Borussia und Britannia als stolze Siegerinnen auf die Bühne ... und demütig als Besiegte Gallia und Lutetia, die Allegorie von Paris.

Eine Oper für Helvetia wird nie komponiert. Gioacchino Rossini täte es zwar gerne, doch niemand will dafür bezahlen. Und so schreibt er eben im Auftrag von S. M. Charles X., Roi de France, den Guglielmo Tell (am 3. August 1829 in Paris uraufgeführt). Wagner tut es auch nicht, ihm liegen die Walküren näher. Vergeblich fleht ihn Mathilde Wesendonk im April 1857 an: «Ach bitte, geliebter Richard, thu' mir den Gefallen...» Wagner bleibt hart, für Helvetia kann er sich nicht erwärmen.

Überhaupt gibt es immer wieder phantasiearme Leute, die mit Helvetia wenig anzufangen wissen. So schreibt Gottfried Keller im Zusammenhang mit einem für das Eidgenössische Schützenfest 1859 in Zürich projektierten Schauspiel:

> «...von einer in einem kolossalen Frankenstück thronenden Münzhelvetia. Jedes Wort wäre eine Anspielung auf Vorkommnisse und Zustände gewesen, zum Schluss aber wäre natürlich die wahre Helvetia aufgetreten, dargestellt durch einen hochgewachsenen schönen Jüngling im Purpurgewand, mit mächtig wehendem Walkürenhaar, einen schattigen Kranz von Alpenrosen auf dem Haupt...»

Weil man Helvetia in ihrer Heimat nicht auftreten lässt, unternimmt sie mit Tell

Literatur:
Klaus Sauer & G. Werth,
Lorbeer und Palme, dtv 1971

Gottfried Keller,
Am Mythenstein, S. 519

Wilhelm Widmann,
Wilhelm Tells dramatische Lauf-
bahn und politische Sendung,
Berlin 1925, S. 115 & 119–125

zusammen eine Gastspielreise durch Deutschland. Wilhelm ist ja ohnehin Doppelbürger, heisst es doch in Ludwig Pfau's Schillerlied aus dem Jahre 1859:

«Gesegnet sei dein Name, O Deutschlands liebster Sohn!»

Da treten sie dann gemeinsam auf: Tell bei Schiller und Helvetia – wie zum Beispiel am 9. November 1864 auf der Bühne des Leipziger Stadttheaters – im Vorspiel. Es wandelt Helvetia (von Fräulein Götz dargestellt) mit einem Alpenrosenkranz am Gestade des Vierwaldstättersees und spricht:

«Sei mir gegrüsst, du See der Waldesstätte,
Seid mir gegrüsst, ihr hohen Felsenwände,
Tief grüne Matten, ewig eis'ge Firnen,
Du Wiege meiner Freiheit, sei gegrüsst!
Wer nahet hier? Wer ist dies Frauenbild,
Das jetzt emporsteigt aus dem grünen Tale,
Den Eichenkranz in seiner Hand? – Das ist
der Schwester Angesicht, Germania!»

Germania (von Fräulein Grösser dargestellt, einen Eichenkranz in der Hand, schreitet auf Helvetia zu):

«Sei mir gegrüsst, du vielgeliebte Schwester,
Die mir zuerst an diesem See begegnet,
An den mich der Erinn'rung hohe Weihe
Zu pilgern trieb. Denn dir, Helvetia,
Dir und dem besten Deiner Söhne gilt
Der Kranz der deutschen Eiche, den ich heut'
In dieses See'es klare Fluten senke.
Dass Tell noch jetzt in jedem Munde lebt
Und jedem Vorbild ist und Ideal,
Das danken wir dem Schwane von der Jlm,
Das danken wir den Manen Friedrich Schillers.»

(Die Theaterdamen blicken versonnen in die künstlichen Nebelschwaden über der See-Kulisse) Helvetia:

«Was Schiller Dir gewesen, war er mir.
Ein gottgeweihter Seher, der dem Volke
Von allem Hohen kündete. Durch ihn
Ward uns gelehrt , was wahre Freiheit ist.»

(Anmerkung eines Lesers im
Buch aus der Leihbibliothek:
‹so so!›)

Germania (nimmt den Feldstecher aus ihrer Bärenfell-Tasche und guckt um sich):

«So frei,
Wie dieses Land vor meinem Blick. Es tagt
Im Osten, Schwester, und die Nebel schwinden,
Schon seh' ich alte Stätten vor mir liegen,
Die Zeugen jener hochgewalt'gen Zeit.

Auf jenem Hügel dort im Schächental
Erblick' ich Bürglen, wo der Tell gewohnt,
Dort Altdorf, das der Schweizer Schmach geseh'n,
Den Bau der Zwingburg und den Apfelschuss,
Dort Fluelen, seinen Hafen. Dort die Burg
Von Attinghausen, wo des Stammes Letzter
Den Schweizersöhnen Einigkeit gebot.
Und hier das Rüttli, dessen grüne Matte
Den Bund in stiller Nacht erwachsen sah.
Wo Schiller selbst im Geist so gern gelebt,
Nimm diese meine Gabe, nimm sie hin!»

(Germania wirft ihren Kranz in den See, ihre Schwester folgt dem Beispiel)
Helvetia:

«Nimm denn auch meine Gabe, teurer See,
Dem Schützen und dem Sänger weih' ich sie.
Du aber, Schwester, reiche mir die Hand
Zum ewig unerschütterlichen Bunde.
Lass uns zusammensteh'n, so lang' die Berge
Zum Himmel ragen. Einigkeit macht stark,
Die Stärke frei und nur die Freiheit glücklich.»

Dann hat Germania (nach oben blickend) noch das Schlusswort:

«So sei's! Die Freiheit wollen wir uns schirmen
Und dem gemeinsam trotzen, der nach ihr
Die Hände streckt. So möge denn der Gott
Im Himmel dieses edle Bündnis segnen.»

*Gekürzter Dialog aus
W. Widmann, 1925, S. 120–125*

(Die mit Schild und Spiess bewaffneten Schwestern umarmen sich – klirr! –
und der Vorhang fällt. Musik leitet zum Beginn des Schillerschen Schauspiels hinüber.)

Mit der Einweihung des Niederwald-Denkmals von 1883 feiert Germania
ihren allerletzten Sieg über Frankreich (1871), dazu wird Ernst Seyffardts Festspiel Wacht am Rhein nach Zeitgedichten von Freiligrath und Geibel usw.
aufgeführt. Auch bei Kaisers Geburtstag ist Germania unter den Gratulanten
und Gratulantinnen. In Edmund Henoumonts Festspiel der Stadt Düsseldorf
zu Ehren S. M. des Kaisers und Königs im Saale der städtischen Tonhalle am
4. Mai 1891 wird sie von Anna Führing gespielt, der bekannten späteren
Briefmarken-Germania von 1900–1920. Dreimal pocht sie an Barbarossas
Kiffhäuser-Höhle und überreicht dem immer noch an seinem Tische sitzenden Fossil das siegreiche Schwert der Hohenzollern.

*Literatur:
Sauer & Werth, 1971, S. 72*

Helvetia reist von Stadt zu Stadt, von Theater zu Theater. 1891 feiert Bern Geburtstag: 700 Jahre. Elfhundert Darsteller, fünfhundert Sängerinnen und
Sänger sowie ein hundertköpfiges Orchester wirken mit, der Patriotismus feiert fröhliche Urständ'. Höhepunkt ist ein ‹allegorisch-chorisches Gesamt-

kunstwerk› unter dem Motto ‹Alles dir, mein Vaterland›. Es treten auf: Helvetia, Tell mit Sohn und die drei Männer vom Rütli usw. sowie natürlich auch Berna. Helvetia erkennt in ihr die heissgeliebte Tochter, Berna in Helvetia die verehrte Mutter (genau wie im Tell-Vorspiel zu Leipzig im November 1864 Helvetia in Germania ihre Schwester erkennt … womit nun also letztere Bernas Tante wäre). Die beiden Damen umarmen sich innig, und aus vollen Kehlen tönt der Chor:

> «Hoch in Alpenferne – Wolken sind ihr Kleid, Diadem die Sterne, Firnen ihr Geschmeid – thronst, Helvetia, prächtig, tauchst in Aetherflor…»

(Zitat nach Martin Stern, 1986, S. 198)

(Was mit dem Ätherflor gemeint ist, in welchen Helvetia da taucht, lässt sich leider nicht genau ermitteln. Vielleicht kann ein Chemiker oder Florist Auskunft geben.)

Kaum hat Helvetia sich erholt von ihrem Äther-Dusel, da gibt sie frisch und munter ein kleines Festspiel in Schwyz (600 Jahre Eidgenossenschaft, 1891). Über ihren dortigen Auftritt schreibt J. V. Widmann:

> «Noch jetzt, wenn wir uns erinnern, wie dort jenes einfache Mädchen als Helvetia ohne grossen Aufwand an deklamatorischem Pathos, aber mit einer lieben, klaren, zum Herzen dringenden Stimme dem ganzen Volke, das in andächtiger Ergriffenheit lauschte, hohe Worte der Mahnung zu Frieden und Eintracht zurief, noch jetzt ergreift uns in Gedanken daran ein Schaudern der Rührung…»

J. V. Widmann, zit. bei Eugen Müller, Schweizer Theatergeschichte, Zürich 1944

Basel ist nicht einfach Basel. Wir müssen unterscheiden zwischen den beiden Halbkantonen Baselstadt (BS) und Baselland (BL) sowie zwischen Grossbasel und dem ‹minderen› Kleinbasel im Rheinknie. Das Bistum Basel hat von 1529 bis 1792 seinen Sitz in Pruntrut (Jura), und der Basler Flughafen befindet sich von alters her in Mulhouse (Frankreich).

Um etwas mehr Transparenz in diese komplizierten Verhältnisse zu bringen und gleichzeitig auch gegenüber den Österreichern, welche Kleinbasel besetzt halten, einen festeren Stand zu haben, vereinigen sich 1392 die beiden Teilstädte und bilden fortan eine Einheit. Meinungsverschiedenheiten bleiben zwar (Lällenkönig), aber man kann sie jetzt intern austragen. Und das Ereignis ist es wert, fünfhundert Jahre später gross gefeiert zu werden: vom 9. bis zum 12. Juli 1892.

Der Aufwand ist enorm: Rund 1000 Sänger und Sängerinnen sind aufgeboten, dazu ein Orchester von 101 Mann und die gesamte Regimentsmusik des 7. badischen Infanterieregiments. Das Freilichttheater hat 6500 Sitzplätze, auf der 40 Meter breiten Bühne treten gleichzeitig 1500 Schauspieler und 30 Pferde auf.

1296 Teilnehmer müssen kostümiert werden. Es braucht dazu u. a. 2285 Meter Wollfilzstoff sowie «Requisiten und Rüstungen in vorzüglicher Nachahmung von der Firma Verch & Flothow in Charlottenburg; ächte Waffen von Weyersberg, Kirschbaum bei Solingen; imitirte Waffen von Hugo Baruch in Berlin und J. B. Wünsch in Nürnberg.» Die eigenen Quellen reichen da offenbar nicht aus. Auch mit den Kostümen nimmt man es genau, alles muss historisch getreu nachgemacht sein. Man orientiert sich zum Beispiel für die Gewandung der römischen Krieger an der Trajanssäule. Probleme gibt es aber bei der Darstellung der keltischen Rauriker. Im Bericht der Kostüm- und Requisiten-Kommission heisst es: «Den römischen Cohorten aus dem II. Jahrhundert die gleichzeitigen Ureinwohner unseres Landes, wie wir sie von Tacitus geschildert erhalten, gegenüberzustellen, schien uns doch mit Rücksicht auf die Damen der verschiedenen Kirchengesangchöre allzugewagt.» Man muss also einige Konzessionen machen: die Herren bestrumpfen und den Damen ein Brusttuch abgeben. Überredungskunst braucht es bei der Zuteilung der Kostüme aus dem 13. Jahrhundert. Da heisst es im Bericht: «Trotz der grossen Schönheit dieser Kostüme waren sie doch schwierig den Darstellern genehm zu machen, und es wurden oft gerade die originellsten der Zeichnungen nur nach vielem Zureden vom Darsteller der Rolle angenommen. Sonderbarerweise waren die Damen leichter zu befriedigen und weniger unglücklich als die Männer, wenn sie ein Gewand umwerfen mussten, das ihren ästhetischen Anforderungen nicht Genüge leistete. Aus diesem Grunde war es uns auch unmöglich, die untersten Volksschichten richtig darzustellen; wir hätten keine Übernehmer für diese Rollen gefunden. Vielen schwebte als Ideal mittelalterlicher Tracht das farbenprächtige und stoffreiche, gold- und silberbeladene Kostüm der Renaissance vor Augen.»

Literatur & Zitate:
Offizieller Festbericht der Basler Vereinigungsfeier, 1892

V.l.n.r.:
Basilea, Klio, Helvetia
(Bilder aus dem Festbericht)

V.l.n.r.:
Basilea, Klio, Helvetia
(Bilder aus dem Festbericht)

Man umgeht diese Schwierigkeit, indem man – nach Vorlagen im Diction-naire raisonné de l'architecture française du XI au XVI siècle (1854–69) des Architekten Eugène-Emmanuel Viollet-le-Duc – die reiche und farbenfrohe mittelalterliche Tracht Frankreichs zum Vorbild nimmt.

Besondere Aufmerksamkeit widmet man der Kostümierung der Damen Ba-silea (dargestellt von Frau Pilliod-Klein), Helvetia (Frau Schetty-Haberstich) und Klio (Frau Tobler-Bräuning). Die Entwürfe macht der Basler Maler Hans Sandreuter.

Offizieller Festbericht 1892, S. 126

Das Festspiel, verfasst von Rudolf Wackernagel, schildert Basels Geschichte von der Gründung 374 n. Chr. durch Kaiser Valentinian bis zum Eintritt in den Schweizerbund. Die drei allegorischen Damen treten am Schluss auf die Bühne. Basilea bringt sich selbst der Mutter Helvetia dar, und diese nimmt die neue Tochter mit Freuden auf. Klio, die Muse der Geschichte, kommen-tiert das Geschehen.

> Basilea:
> «Schau an, Helvetia, das war meine Kindheit,
> das waren meiner unbewussten Jugend Tage,
> da ich noch dein nicht war, da mich ein Fremder
> an hartem Bande führte... usw.»

> Helvetia:
> «Ja, Basilea, lange war die Zeit,
> bis du mir reichtest deine treue Hand,
> bis du mir gabest hin dein ganzes Herz.
> Im ew'gen Glanze meiner Firnen stand ich
> und schaute hin zu dir, die du so stolz,
> so königlich an deinem Strome thronst
> als Herrscherin der blühenden Gefilde.
> Doch ach, du kamest nicht, – bis meine Heldensöhne
> mit ihren Schwertern eine Gasse brachen
> von mir zu dir, bis sie für meine Liebe
> die offne Bahn zu deinem Herzen legten.»

Klio:
«Der grosse Streit bei Sempach ward geschlagen
an einem heissen Tag des Heumonats,
und hundertfünfzehn Jahre gingen hin,
bis wiederum an einem Julitag
in Basel heller Festesjubel tönte,
dieweil an diesem Tage ward beschworen
der Eidgenossen ewger Bund mit Basel...»

Basilea:
«Ja, so kam ich zu dir. Und du dagegen,
du botest mir das allerschönste dar:
du machtest teilhaft mich der goldnen Freiheit.
Du liessest alle Wonnen mich geniessen,
die bis dahin so schmerzlich ich entbehrte.
An deinem Busen, deinem treuen Herzen,
fand ich die Liebe, fand ich das Vertraun,
an deiner Hand gewann ich volle Stärke,
von deinem Odem blühte ich empor
zu neuem schönerm Leben, und die Freude
durchdrang mein ganzes Sein...»

Helvetia:
«Mein Basel, sei gegrüsset und gesegnet!
Wie lieb ich dich mit warmem Mutterherzen!
Wir haben lange Lieb und Leid geteilt,
und deine Liebe, sie ist nie erkaltet...»

Basilea:
«Nimm meine Hand! o Mutter, an dein Herz!
Lass uns erneuern Liebe und Vertrauen,
und neue reine Treue uns geloben
für Zeit und Ewigkeit! – Und ihr, die Meinen,
stimmt mit mir an das Jubellied der Freiheit,
das Hohelied des freien Vaterlandes.»

Bühnen-Helvetia aus dem Katalog
der Kostüm- und Fahnenfabrik
J. Louis Kaiser AG in Aesch (BL),
um 1900

Offizieller Festbericht 1892,
S. 175

Und jetzt kommt der Schlussgesang: Rufst du mein Vaterland... Heil dir Helvetia! «Gewaltig brauste das Lied einher, in seine letzten Strophen schmetterte Kanonendonner, und ein einziger hoher Jubelruf, ein begeisterter Laut aus der Tiefe der Herzen schloss das Festspiel»... heisst es im Festbericht.

Bald reist Helvetia wieder nach Deutschland, denn in Berlin sind Wilhelm II. und sein Hofautor Büttner-Pfänner zu Thal bereits mit den Vorarbeiten zu den Kaiserfestspielen 1897 beschäftigt. Der Kaiser macht eigenhändig Bühnenskizzen, so den deutschen Schutzheiligen St. Michael in Wehr und Waffen sowie madonnagleich die Germania mit Krone und Strahlenkranz auf einem orangefarbenen Kissen sitzend.

Der Schwur zu Vazerol nach einer
zeitgenössischen Fotografie von
Lienhard & Salzborn, Chur

Angaben nach Sauer & Werth,
1971, S. 90–92

Hier die Handlung des grossartigen Schauspiels: Der böse Loki (Vertreter
der Zwietracht) will eine Bombe werfen, doch Michl hindert ihn daran ... die
Handlung ist dieselbe wie im Contrafeth. Dann kommen mit Schiffen die vielen Schwestern angefahren: Germania auf einem Throne sitzend, neben ihr
Bavaria, Württembergia, Saxonia und Europa, dann Austria mit Kornkranz
und Kornblumen, Britannia mit Boot, Gallia mit Blumen und Früchten, Italia
mit Lorbeer und Schild, Hispania mit Reben, Scandia mit Zweigen und Wald-
blumen, Russia mit Füllhorn und die geschäftstüchtige Hollandia mit Merkur-
stab und Dreizack. Ein vereinigtes Europa unter Germanias Obhut? Da
nimmt Helvetia nur als Zuschauerin teil, zum Mitmachen kann sie sich nicht
entschliessen. Und ausserdem hat sie bald genug vom Bühnenleben.
Doch schon wartet man in Chur auf Helvetias Auftritt. Die Bündner sind zwar
erst seit etwa 1800 Eidgenossen, sie haben ihre eigene Historie, ihre eigenen
Helden und ihren eigenen Rütlischwur: mit Johann von Schönegg (Abt von
Disentis), Klaus Dux (Bürgermeister von Chur) und Hans Lux (Landammann
von Davos). Das Ereignis ist (wie unser Bild beweist) historisch, es findet gemäss Überlieferung 1468 beim Weiler Vazerol statt und führt zur Vereinigung
des Gotteshausbundes, des Grauen Bundes und des Zehngerichtenbun-
des in den ‹Drei Bünden›. Doch es geht hier nicht darum, sondern um die
Schlacht am Calven:

Am Ausgang des Münstertales bauen die Tiroler Befestigungen, überfallen von dort aus die Bauern und rauben ihnen Kühe und Kälber. Das erzürnt die frommen Bündner, denn das Vieh ist ihnen heilig. Im Mai 1499 kommt es zum Kampf, siegreich für die vereinigten Bündner, verlustreich für Kaiser Max und seinen Feldhauptmann Ulrich von Habsberg.

Vierhundert Jahre später wird das gefeiert, und weil es zufällig auch gerade hundert Jahre seit dem de facto-Beitritt Bündens zur Eidgenossenschaft sind, festet man doppelt: am 28./29. Mai im Regen und am 6. Juni 1899 bei Sonnenschein.

Kernstück der patriotischen Aktivitäten ist ein Freilicht-Festival, verfasst von Michael Bühler und Geo Luck, musikalisch bearbeitet von Otto Barblan. Im ersten Aufzug wird die Vereinigung der drei Bünde dargestellt, im zweiten der Beginn der Kriegswirren, im dritten das Kriegselend an der Grenze und im vierten die Schlacht an der Calven. Dann folgt der grosse Festakt zur Feier des Beitritts zur Eidgenossenschaft. Da treten ‹Fänggen› und ‹Fängginnen› auf die Bühne (vermutlich die legendären Ureinwohner), ferner Wildmännchen, Berg- und Waldgeister, das Totenvolk, der Dichter Heinrich Zschokke, Wildheuer, Bauern und Jäger usw. ... und gegen Schluss dann die Schwestern Rätia und Helvetia, beide festlich aufgeputzt und schwer bewaffnet. Die beiden Damen schreiten aufeinander zu, und Rätia hebt wie folgt zu deklamieren an:

(Anmerkung: Offizieller Beitritt Graubündens zur Eidgenossenschaft 1803)

Helvetia
(Foto Lienhard & Salzborn, Chur)

«Die Schwester kennst du wohl in Rätiens Bergen,
Wir sahen uns in mancher Wetternacht,
Wenn wir im Flammenschein auf hoher Wacht,
Du dort, ich hier, weit in die Lande spähten,
Ich bin die Rätia...
Du ew'ge Schweiz, Allvaterland so schön,
Dir sei mein Land, mein treues Volk geweiht!»

Worauf Helvetia mit bewegter Brust (soweit ihr Kettenpanzer dies zulässt) ihr folgendes entgegnet:

«Du stolze Rätia, ja, ich weiss es wohl,
Es ist ein Grosses, das du mir geweiht,
Dies tapf're Volk, denn würdiger ist keines,
Der Schweizerfreiheit Paladin zu sein.
Doch Grosses sollst du auch von mir empfangen...»

Literatur:
M. Bühler & Georg Luck,
Festspiel der Calven-Feier 1899,
grosse Ausgabe mit Bildern,
Chur 1900

Es folgen tausendstimmige Jubelrufe (Heil dir, Helvetia!), patriotische Lieder, ein Kinderchor mit Birkenlaub und Blütenflocken und anschliessend an die Vorstellung ein grosser Festumzug in Chur.

Helvetia im Liederbuch

Im schmucken Jubiläumseinband erscheint 1902 unter dem Motto ‹Dem Vaterlande unser Leben, dem Vaterlande unser Blut› für die Schweizerschulen in fünfundzwanzigster Auflage das Helvetia-Liederbuch von Benjamin Zweifel, a. Lehrer aus St. Gallen. Gesamtauflage in zehn Jahren: einige hunderttausend Exemplare! Viele erbauliche Lieder finden wir da, meist patriotische. Das Rütli, Tell und Winkelried (sowohl Arnold als auch der oft mit ihm verwechselte Struthan) sind dominant vertreten, spärlicher hingegen ist es die Helvetia. Warum wohl?

Vielleicht – wie die Linguisten vermuten – ist das deshalb so, weil im Konnex mit diesem lateinischen Lexem das deutschsprachige Reimen etwas diffizil ist. Nur ‹ja›, ‹nah› und ‹sah› sind da kopulations- resp. paarungsgeeignet, und ausserdem gibt es beim Versmass Schwierigkeiten. Zwecks dessen Einhaltung muss die erhabene Landesmutter beim Singen und Deklamieren jeweils zerhackt werden: Hel-ve-ti-a.

Bei anderen Begriffen aus dem patriotischen Wortschatz hat man diese Probleme weniger, denn da finden sich für den Texteschreiber viele passende Reimworte:

Helvetia-Liederbuch für Schweizerschulen von Benjamin Zweifel, Zürich / Leipzig 1902

Winkelried	– Heldenlied
Herz und Hand	– Vaterland
Heldenbrust	– Freiheitslust
Todesschrei	– froh und frei
Himmelszelt	– Gotteswelt
Siegeskampf	– Pulverdampf
Firnenglanz	– Siegeskranz
Strahlenmeer	– Erhabene(e)r
Alpenblut	– Heldenglut
Heldenblut	– Alpenglut
usw.	

So wird leider Helvetia – weil anderes sich leichter reimen lässt – im schweizerischen Festgesang etwas vernachlässigt. Wobei allerdings auch wieder gesagt werden kann, dass sie lange Jahrzehnte sogar in der Nationalhymne besungen worden ist:

«Rufst du, mein Vaterland, sieh' uns mit
Herz und Hand, all' dir geweiht!
Heil dir, Helvetia!

Melodie ‹God save the gracious king / queen› von Carey, Text von Sängervater Wyss.
(Auf ‹treu› würde sich eigentlich ‹Heu› besser reimen, doch das gäbe wenig Sinn)

Hast noch der Söhne ja,
wie sie Sankt Jakob sah,
freudvoll zum Streit!
Nährst uns so mild und treu,
hegst uns so stark und frei,
Glück dir und Heil!»

Seit einiger Zeit ist obiges Lied nicht mehr Nationalhymne. Die Melodie gehört Britannia, und das ‹Heil› tönt auch etwas fremd. Darum singt man jetzt gemäss Bundesratsentscheid vom April 1981 (basierend auf den Empfehllungen der Bischofskonferenz, des Evangelischen Kirchenbundes und der Konferenz der schweizerischen Lehrerorganisationen usw.) am 1. August ein anderes Lied: «Trittst im Morgenrot daher.» Helvetia kommt darin nicht vor, und auch das Versmass stimmt leider nicht ganz, weshalb das ‹o› im Morgenrot beim Singen jeweils gedehnt werden muss: Morgenro-o-o-ot.
(Das Notenblatt mit Text kann gegen Rückporto beim Chef der Sektion für allgemeine kulturelle Fragen, Bundesamt für Kulturpflege, Postfach, 3000 Bern, bezogen werden.)
Das folgende Lied heisst ‹Helvetia›. Es wird gemäss Liederbuch schnell gesungen und ist von Dollmetsch komponiert:

Melodie von Pater Alberich Zwyssig, Text von L. Widmer

«Brüder, lasst uns Hand in Hand
in vereinten Chören
unser teures Vaterland,
uns're Heimat öhren…
Ruft, ihr Brüder fern und nah',
ruft, ihr Brüder fern und nah':
Es lebe hoch Hel-ve-ti-a!»

Textautor unbekannt.
Statt ‹öhren› sollte es natürlich ‹ehren› heissen, doch dies reimt sich schlecht.

Professioneller ist die Ode ‹An mein Vaterland› von Gottfried Keller, komponiert von Wilhelm Baumgartner:

«O mein Heimatland, o mein Vaterland,
wie so innig, feurig lieb' ich dich!
usw.
Als ich fern dir war, o Hel-ve-ti-a,
fasste manchmal mich ein tiefes Leid!
Doch wie kehrte schnell es sich in Freud,
wenn ich einen deiner Söhne sah!
Hel-ve-ti-a!» usw.

Den Patriotenliedersängerwettbewerb hat wohl der 1874 gegründete Sängerverein ‹Helvetia Zürich› errungen, und zwar mit seiner zwanzigjährigen Jubiläumsfeier, begonnen am 29. April 1894 und abgeschlossen – wenn das stimmt – kurz vor Beginn des ersten Weltkrieges. Hier zwei Zeilen aus dem Prolog:

Sängerverein ‹Helvetia Zürich›
Prolog zur ‹zwanzigjährigen› Jubiläumsfeier 1894

«Ihr nennt Euch mit des Vaterlandes Namen:
Hel-ve-ti-a! Ein heilig theuer Wort!»

Viele Heimatlieder der Deutschschweiz sind übrigens vom nördlichen Nachbarn übernommen. Unter den Textautoren finden wir im Liederbuch u. a. Arndt, Goethe (Uf em Bergli), Hauff, Heine, Freiligrath, Schiller und Uhland usw. sowie den preussischen Verwaltungsbeamten Karl Müchler (Der glückliche Schweizer) ... bei den Komponisten zum Beispiel Methsessel und Silcher. Die historischen Heimatlieder von Johann Caspar Lavater sind, wie man sagt, aus preussischen Kriegsliedern von J. W. L. Gleim gemacht. Und was unser Nachbar so gerne singt, ist ursprünglich eine kroatische Volksweise. Joseph Haydn macht daraus die österreichische Kaiserhymne ... und Hoffmann von Fallersleben textet 1841 das Deutschlandlied dazu: «Von der Maas bis an die Memel, von der Etsch bis an den Belt...» (An offiziellen Anlässen wird – weil obiges nicht mehr ganz stimmt – nur noch ab dritter Strophe gesungen: «Einigkeit und Recht und Freiheit...»)

Die neuen Wilden
Postkarte von Klaus Staeck 1982

Umzüge, Feste, Feiern

Am grossen Basler Jugendfest vom 16. Juli 1875 kommt Helvetia im Doppel vor, einmal präsentiert vom Stadtquartier auf einem Wagen mit den zweiundzwanzig Kantonswappen («eine hübsche Mädchengestalt», erinnert sich Heinrich Herzog), ein zweitesmal als Beitrag des Aeschenquartiers, diesmal zusammen mit ihren zahlreichen Kindern und Schwester ‹Freiheit›. Die Kinder tragen ‹fasces› mit sich, zu dieser Zeit Symbole der Eintracht. Der Prunkwagen ist mit der Freiheitssonne geschmückt und mit der ‹aurea flamma›, dem alten Feldzeichen der Franzosen.

Doch nicht der ganze Umzug ist so ernst... in Basel ist Humor gestattet. Es torkelt auch Trinkergott Bacchus im Zuge mit (als Vorbild für die Jugend), der listige Silen auf einem Fasse reitend, eine Schar von schnurrigen Professoren, Stiefelwichsern und Kaminfegern...

Martialischer ist der Jugendfest-Umzug vom 3. Juli 1882 in Zug. Da wird Mutter Helvetia von Kadetten, Hellebardieren und Armbrustschützen begleitet sowie von Magistern und Magistraten, die beiden letzteren Species in Originalversion.

Ein ernsthafter Anlass ist das alljährlich zu Frühjahrsbeginn zelebrierte Zürcher Sechseläuten. Da wollen sich die ‹Säufter› (wie sich die Mitglieder der etwa zwei Dutzend Zünfte nennen) würdig dem Volke präsentieren, und sie ziehen deshalb in historischen Kostümen (aber natürlich unmaskiert, denn sie wollen erkannt werden) durch das Zürcher Bankenviertel, um dann anschliessend punkt 18.00 zum Klang des Jägermarsches am Seeufer eine mit Knallfröschen gespickte Strohpuppe zu verbrennen, den sogenannten ‹Böögg›.

Frauen sind am Umzug nicht zugelassen (ausser zur Dekoration), doch am 17. April 1882 macht man eine Ausnahme, denn diesmal hat der Anlass überregionalen Charakter: Man feiert den Durchstich des Gotthardtunnels. Es marschieren, reiten und fahren im Zuge:

Gendarmen
Berittene Bannerträger in barocken Trachten
Der greise Diviko mit Wattebart
Helvetier mit Fuhrwerken, Frauen und Kindern
Julius Caesar mit Gefolge
Römervilla auf Rädern
König Heinrich IV. mit Gattin Bertha
Kaiser Heinrich III. mit Kaiserin Agnes

Literatur:
Heinrich Herzog,
Schweizerische Volksfeste, Sitten
und Gebräuche, Aarau 1884

Prachtvoll kostümierte Würdenträger
Kreuzritter
Ein gefangener Scheich mit bildhübscher Tochter
Fröhliche Knaben und Mädchen (Kinderkreuzzug)
Handelskarawane mit Saumpferden
Ein altersschwaches Dromedar, das dankbar
die ihm zugeworfenen Blumen frisst
Lanzknechte in bunten Trachten
Bürgermeister Hans Waldmann mit Kopf
Kardinal Schinner, Ulrich Zwingli, Papst Julius II
Uristier
Jürg Jenatsch mit Bündnern
Landvögte
Postkutsche, Schenke, Seidenweberei
Tunnelbohrmaschine und Lokomotive
Neapolitanerinnen, Mönche, Räuber
Alfred Escher und Bundespräsident Welti
König Viktor Emanuel und Fürst Bismarck
…und dann als glänzender Schlusspunkt

Heil dir Helgerita!

der Wagen mit HELVETIA, GERMANIA und ITALIA
(umschwärmt von geflügelten Merkuren auf Velozipeden)

Siebenhundert Jahre Bern

*) Die Historiker vermuten
eher, dass Bern nach der Stadt
Verona benannt ist, dem
einstigen Markgrafensitz der
Zähringer.
Für die Bärenversion spricht
andererseits die 1832 in Muri bei
Bern gefundene keltisch-römi-
sche Votivfigur der Dea Artio
(Bärengöttin) aus dem
2. Jh. v. Chr.

1191 lässt der in Burgdorf residierende Herzog Berthold V. von Zähringen an der Stelle des einstigen keltischen Oppidums im Aareknie zur Festigung des Herrschaftsbereichs eine Stadt aus Holzhütten bauen. «Über die näheren Umstände, welche die Gründung Berns begleiteten», sagt Oechsli in seiner Schweizergeschichte, «fehlen leider zuverlässige Nachrichten.» Die offizielle Berner Vision der Stadtgründung wird im Festzug vom 17. August 1891 dargestellt. Da sehen wir den (1218 kinderlos verstorbenen) Berthold mit seiner Gemahlin Clementina von Auxonne und seinem Sohn, den Dienstmann Cuno von Bubenberg (Erbauer der Stadt) und einen Jäger mit dem angeblich bei der Standort-Evaluation gefangenen oder erlegten Bären, auf den man den Namen der Stadt zurückführt*). Es folgen Ritter, Krieger, Constabler, Bauern und Affen usw. (was letztere mit der Stadtgründung zu tun haben, ist nicht ersichtlich), ferner natürlich auch Wilhelm Tell mit Sohn und die Landammänner der Urkantone usw. … und am Schluss die allegorische Gruppe mit Berna, Helvetia und Genius des Vaterlandes, umgeben von 22 Jungfrauen in den Kantonsfarben.

Schloss Turicum

Das Schloss beim Zürcher Hauptbahnhof ist nicht so alt wie es aussieht. Es residiert hier auch niemand, nicht einmal der Stadtpräsident. Das ver-

Das Schweizerische Landesmuseum: Titelblatt zum Festalbum 1898. Hier finden wir Helvetisches von der Urzeit bis zur Neuzeit.

Fast museumswürdig: Kreuzchenstich-Helvetia auf einem Geschirrtuch (20. Jh.)

zwackelte Gebäude im Mixstil der Gründerjahre beherbergt das Schweizerische Landesmuseum. Seine Entstehungsgeschichte sei hier kurz geschildert:

1887 beginnt die ‹Eidg. Kommission für die Erhaltung schweizerischer Altertümer› Antiquitäten zu sammeln: Waffen, Möbel, Bilder und Dokumente usw. Für das Aufstapeln fehlt aber der Platz. Darum beschliesst die Bundesversammlung am 27. Juni 1890 die Errichtung eines Museums ‹mit dem Zwecke, bedeutsame vaterländische Altertümer geschichtlicher oder kunstgewerblicher Natur aufzunehmen und planmässig geordnet aufzubewahren.› 1891 wird Zürich zum Sitz des Museums erkoren (enttäuscht sind Basel, Bern, Luzern) und Architekt G. Gull mit dem Bau beauftragt. Am 29. April 1893 findet die Grundsteinlegung statt, und am 25. Juni 1898 ist dann die feierliche Einweihung mit Festumzug:

Vorne mit Zylinder und Bratenrock der Bundesrat in corpore, das diplomatische Corps mit Schärpen und Orden und die halbe Bundesversammlung, dann Bannerträger der zweiundzwanzig Kantone, der Prunkwagen der Helvetia als Beschützerin des Landesmuseums (mit Schild und Speer natürlich), gezogen von mehreren Gäulen. Füllig thront die Landesmutter in vier Meter Höhe, umgeben von reichlich Girlandenschmuck. Dann folgen die üblichen Gruppen mit Älplern, Kriegern und Trachtendamen usw., mehrere Schiffe mit Tell & Co., das Matterhorn aus Pappmâché im Massstab 1:1000 ... und am Schluss kommt der Wagen der Stadtgöttin Turica, die hier als Beschützerin

Der Prunkwagen der Helvetia...

...und der Turica am Festumzug zur Einweihung des Schweizerischen Landesmuseums

Illustrationen:
Festalbum der Schweiz.
Landesmuseumsfeier vom
25. Juni 1898

Hochstimmung am Churer
Schützenfest 1842, im Disteli-
Kalender 1843.

700 Jahre Bern:
Ausschnitt aus der von Robert von
Steiger gezeichneten (über 6 m lan-
gen) Umzugs-Darstellung. V.l.n.r.:
Berna (mit Schwert), Helvetia
(mit Speer), Genius (männlich) mit
wallendem Haar.

der Künste auftritt. Im Festalbum der Schweiz. Landesmuseumsfeier vom 25. Juni 1898 ist der ganze Umzug abgebildet: das Falzbüchlein ist fünfeinhalb Meter lang!

An der Basler Bundesfeier 1901 lassen vier Musikcorps und zwanzig Männerchöre mit zusammen siebenhundert Stimmen vor bengalisch erleuchteter Helvetia gemeinsam u. a. das ‹Rufst du, mein Vaterland› erschallen ... verstärkt durch sechstausend Zuhörer mit Textblatt. Ausserdem gibt es Umzüge, Schauspiele, Kanonendonner, Feuerwerk und Ansprachen. Regierungspräsident Dr. H. Glaser sagt zum Beispiel, wie herrlich und schön Gott unser Schweizerland geschaffen habe mit seinen tiefblauen Seen und seinen schimmernden Firnen, umschwebt vom heiligen Duft der Freiheit. Konkreter wird es nachher: Da stehen 24'000 Liter La Côte bereit (die Flasche für Fr. 1.30) sowie Lavaux, Dôle, Ostschweizer Rotwein und genügend Bier (letzteres für zwanzig Rappen pro Becher). Da und dort soll es zwischen Patrioten aus Gross- und Kleinbasel zu kleineren Meinungsverschiedenheiten gekommen sein. Spezieller Dank wird darum im Festbericht dem Polizeicorps und der Sanitätsmannschaft gewidmet.

Offizieller Festbericht zur Basler Bundesfeier 1901 (12.–15. Juni)

Der oben genannte heilige Duft der Freiheit umschwebt natürlich vor allem auch die Rütliwiese. «Die Braut der Eidgenossen ist die Freiheit», spricht Domherr A. Gisler aus Chur anlässlich der 600-Jahrfeier des Rütlischwurs am 13. Oktober 1908:

> «Heilige Nacht, wo endlich die drei Länder hier auf dem Rütli zum entscheidenden Bunde schritten mit dem Alpenkind, das auf Gottes Wink vom Gotthardpasse niedergestiegen war, zum ewigen Bunde mit der Freiheit.»

Eduard Wymann, Die sechste Jahrhundertfeier des Rütlischwurs, Einsiedeln 1908

«Heilige Nacht» und «auf Gottes Wink» ... es ist ein Domherr, der dieses sagt und Helvetia damit gewissermassen zum Engel macht, zur ‹Helfederzia›!

Helvetia als Werbedame

Die Allegorie Helvetia ist nicht im Markenregister eingetragen, ebensowenig wie Wilhelm Tell, die Schweiz, das Grütli, der Begriff ‹eidgenössisch› oder die Stadt Bern usw. Jedermann darf – sofern er als erster seiner Branche zugreift – solche Begriffe mitsamt den dazugehörenden bildlichen Symbolen zu Geschäftszwecken verwenden und vom Nimbus der Offizialität profitieren.

Der Glorienschein von Mutter Helvetia kann sich – so hofft der Bürstenfabrikant E. F. Beckert an der Marktgasse in Zürich – auch auf das Schuhwerk übertragen: Schnellglanzwichse mit der stehenden Helvetia!

1894 wird in St. Gallen die Schweiz. Gewerbe-Unfallkasse gegründet. Das Geschäft läuft schlecht und recht, die fetten Gewinne machen andere. So lesen wir im Geschäftsbericht 1900:

> «Im Berichtsjahre hatten wir eine rücksichtslose und gelegentlich recht unfeine Konkurrenz, namentlich von Seiten der beiden grossen schweizerischen Gesellschaften ‹Z.....› und ‹W.........›.»

Geschäftsbericht 1900 der Schweiz. Gewerbe-Unfallkasse St. Gallen

«Wenn sich die mit Städtenamen schmücken», sagt sich der Präsident, «dann nennen wir uns ‹Helvetia›!» Und tatsächlich: Im Geschäftsbericht von 1901 heisst das Unternehmen jetzt ‹Helvetia – Schweiz. Unfall- und Haftpflicht-Versicherungsanstalt›. Bald prangt auch eine Helvetia-Plastik von Robert Dorer an der Fassade des Hauptsitzes ... und es geht aufwärts!

Zur ‹Helvetia-Unfall› gesellt sich später ein Schwesterchen: die ‹Helvetia-Feuer›. Es ist «eine eher ungewöhnliche, von Berührungsängsten zeugende Zwillingskonstruktion», wie die Neue Zürcher Zeitung berichtet. Solche Ängste rufen nach Trennung und Umbenennung: ‹Helvetia-Feuer› wird 1988 zu ‹Helvetia-Versicherungen›, ‹Helvetia-Unfall› mitsamt ihrer Brüsseler Firma

Zitiert aus NZZ Nr. 127 vom 3. Juni 1988

Inserat aus dem Tages-Anzeiger für Stadt und Kanton Zürich, 2. März 1893

Rosenbergstrasse Nr. 22, St. Gallen:
Die Versicherungs-Helvetia von
Robert Dorer wacht da ... über das
österreichische Konsulat.

‹Helvetia S.A.› nennt sich fortan ‹Elvia› ... was im Grunde genommen dasselbe bedeutet (s/Kap. Elvier, Helvier, Helvetier).

Auch amtlicherseits ist man dann und wann geneigt, Helvetia zu Werbezwecken einzusetzen. Im September 1988 erlässt das Bundesamt für wirtschaftliche Landesversorgung einen Aufruf (unterzeichnet von Bundesrat J.-P. Delamuraz), mit welchem dem Volk nahegelegt wird, für den Fall von Versorgungs-Engpässen einen genügenden Vorrat an zivilschutztauglichen Dörrbohnen, Beutelsuppen und Dauerwürsten usw. anzulegen.

Inserat und Broschüre sind illustriert mit einer der Münz-Helvetia nach-

empfundenen korbtragenden Helvetia. Ganz glücklich ist die Lösung nicht.
Ein kurzes Spiesschen trägt sie zwar noch, die Schleppende, doch das
Heroische geht ihr ab. Zudem trägt sie viel zu schwer. «Diskriminierung der
Frau!» entrüstet sich die (grüne) Gemeinderätin E. S. aus B. Ihr Mann (Gynä-
kologe) hat eine Gebärmutterknickung im Auge. Nur das Töchterchen Anita
(5jährig) findet die Zeichnung lustig und malt das Rotkäppchen mit Bunt-
stiften aus. Helkorbia? Ein putziges Hamsterchen (eventuell mit Schild und
Speer) könnte die Idee des Notvorrats mindestens ebensogut repräsentie-
ren. Manchmal tun sich die Banken schwer mit ihrem Image.

Ein Inserat der Schweizerischen Bankiervereinigung, Postfach, 4002 Basel

Ist dein Image arg lädiert –
Helvetia es aufpoliert!

Die Zeitungen schreiben nicht immer so, wie man es gerne hätte. Nummernkonti, Millionenverluste, unsauberes Geld und weniger Zins für die kleinen Sparer … da gibt man sich populär und fördert Sport und Künstler. Im November 1988 – im Textteil der Zeitungen wird gerade die peinliche Geldwaschaffäre aufgerollt – lässt die Schweizerische Bankiervereinigung im Inseratenteil Helvetia zusammen mit Adam Smith auftreten.

Unsere Landesmutter ist auch für die Lebensmittel-Werbung geeignet – es gibt die Senf-Helvetia schon lange vor den Werbetanten Betty Bossi und

Plakat von Herbert Leupin (1944).
Museum für Gestaltung, Zürich

Marianne Berger usw. Stolz prangt sie auf den Tuben, wobei aber hier nicht das Schweizerkreuz den Schild ziert, sondern ein ‹S› (A. Sennhauser AG, Zürich). Auch Back- und Puddingpulver wird da fabriziert … ebenfalls Marke Helvetia.

Im Wirtshaus muss beginnen, was leuchten soll im Vaterland: in der Eintracht, im Grütli und im National, im Schweizerhof und im Weissen Kreuz, in der Walhalla (?), im Winkelried, im Wilhelm Tell und in der Helvetia. Wer abends am Familientisch zu sitzen pflegt, macht nie Karriere. Andererseits sind Stammtisch-Sitze wahre Polit-Katapulte. Prosit!

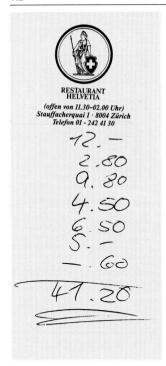

12.—
2.80
9.80
4.50
6.50
5.—
—.60

41.20

In Zürichs patriotischen Kreisen erfreut sich das im Volksmund ‹Helvti› ge-
nannte Restaurant Helvetia am Stauffacherquai 1 (zwischen Sihlporte und
Stauffacher) besonderer Beliebtheit. Es trägt nicht nur den Namen unserer
Landesmutter, sondern vermittelt auch in hohem Masse echt helvetische
Ambiance: Helvetia auf den Fensterflächen, Helvetia auf der Speisekarte,
Helvetia auf Table-Sets, Helvetia auf der Rechnung und Helvetia als Raum-
schmuck. Da finden wir über der historischen Bar im Parterre (ein Prunk-
stück!) die Agenturtafeln mit der goldenen Versicherungs-Helvetia und im
Treppenhaus sowie im ersten Stock die Plakate und Plakätchen der Firma
Sennhauser für Helvetia-Senf, Helvetia-Backpulver und Helvetia-Pudding.
Und auf Wunsch lässt der spanische Kellner aus dem Wurlitzer ein vertrautes
Lied erklingen: «Heil dir, Helvetia…»

Postkartengrüsse

Heinrich von Stephan erfindet 1865 die Postkarte. 1869 wird die Neuerung zuerst in Österreich-Ungarn eingeführt, dann 1870 in Deutschland. Hinten ist sie vorerst noch unbedruckt, doch bald schon gibt's auch Ansichtskarten, zweckdienlich für Feriengrüsse und zur Förderung des Nationalbewusstseins.

Heinrich von Stephan (1831–1897), Generalpostmeister des deutschen Reiches und Initiator des 1878 gegründeten Weltpostvereins

Als süsses Zuckerpüppchen thront Helvetia in Prägedruck auf Bergeshöh', mit goldbordiertem Mantel und Seidenschal … pin-up der Jahrhundertwende. Spiesschen links, Pappschild rechts? Das ist natürlich verkehrt, ganz unkriegerisch. Aber es sind ja auch nur Theaterattrappen, noch lange ist kein Krieg in Sicht.
Verführerisch wie Loreley und zum Verlieben schön … doch Finger weg: Es ist die Landesmutter! Im rosaroten Seidenmantel steht sie am Rand der Rütliwiese. Es strahlen die Firnen, es lächelt der See, und im Eichenlaub reifen Kantone. Mit ihrem rechten Händchen stützt Helvetia sich auf den Schild (auch wieder nicht ganz vorschriftsgemäss), mit dem linken umklammert sie statt Spiess oder Schwert diesmal das Liktorenbündel. Es ist ein altes Amts- und Würdezeichen sowie in dieser Form Sinnbild der Republik.

Bundesfeier-Postkarte 1915 (zu Gunsten durch den Krieg in Not geratener Miteidgenossen) nach einem Bild von Charles Henri van Muyden.

Helvetia in Prägedruck
mit Gold, ca. 1900.
Auf der Rückseite ‹Union
postale universelle / Weltpost-
verein› sowie in neun Sprachen
der Hinweis ‹Postkarte›

Bundesfeier-Postkarte 1917
(für das Rote Kreuz)
von Eug. Burnand.

FRANCE & PROGRÈS

De ce nouveau fleuron la France orne sa tête.
Car des cieux elle vient de faire la conquête.

RELÈVE-TOI PETITE SOEUR
TU SERAS VENGÉE
451

**Postkarten aus Frankreich, 1909
und 1. Weltkrieg.**

Erster Weltkrieg: Da zeigt sich Helvetia in ihrer mütterlichen Rolle, ohne Panzer, Schild und Speer. Sie gibt sich als einfache Bürgersfrau, kleidet sich in einen groben Mantel und hilft den Schwachen und Verfolgten. Einzig das weisse Kreuz auf ihrem roten Kleid kennzeichnet sie als Staatsallegorie.

La France und Marianne sind wandelbar, manchmal süss und sexy, manchmal kampfentschlossen, manchmal beides zusammen. 1909 überquert Blériot den Ärmelkanal: La France wird Königin der Lüfte. 1914 besetzen die ‹boches› Belgien: La France schwört Rache.

Doch auch auf der anderen Seite ruft die Allegorie zum Streit:

> «Wenn Stärke sich mit Grossmut paart,
> So ist es Deutsche Sinnesart…
> Mit freiem Aug' und offner Hand,
> Für Kaiser und für Vaterland.
> Dass ihr den Weltkrieg miterlebt
> Und dass ihr opfernd dafür gebt,
> Seid stolz! …»
> (Dr. Hans Freih. von Jaden)

Das sagt Austria mit gezücktem Schwert, und sie tut es offenbar auch im Namen von Schwester Germania. Hinter ihr im Flammenrauch sind böse glotzend die Feinde zu sehen: Serbien, Marianne, Ivan…

**Offizielle Karte für das Rote Kreuz (!)
Wien 1916**

Ein trauriges Kapitel

Bedauerlicherweise gibt es immer wieder Leute, die über Hohes und Erhabenes spotten: über Kirche und Staat, Amts- und Militärpersonen ... ja sogar über unsere allerhöchsten Idole.

Schon früh fängt das an: Da publiziert im Jahre 1805 ein gewisser Herr Niemann ein Schauspiel mit dem Titel Wilhelm Tell der Tausendkünstler ... usw., worin er unseren Nationalhelden schnoddrig als stets etwas benebelten Barbier und Schmierenkomödianten mit Kupfernase usw. bezeichnet und Stauffachers untadeliges Weib Gertrud als von diesem geschiedene und in zweiter Ehe mit dem Kettenraucher Walter Fürst verheiratete Frau. Wie geschmacklos!

A.C. Niemann, Wilhelm Tell der Tausendkünstler, Uri (?) 1805

Josef Balmer, Die Kunstpflege in der Schweiz, Luzern 1902

Der Venus von Milo nachempfunden: die armlose Helvetia von Ernst Mattiello.

Eine respektlose Zeichnung von Fredy Sigg (Züwo, 28. 7. 1988)

Die Bavaria von Loriot

Tomi Ungerer, La Conception de
l'Empire, Plakatentwurf 1989 für
das Theaterfestival PERSPECTIVES
89 in Saarbrücken. (Abb. aus Stern
Nr. 11/1989)

Arthur Welti über Albert Welti
in DU 11/1943

Gottfried Keller, Am Mythenstein

Der Maler Albert Welti, den wir ja sonst gut mögen (er hat ja für das Bundeshaus das wunderschöne Wandbild der Landsgemeinde entworfen), bezeichnet Helvetia als «alte Theaterdame». Gottfried Keller spricht despektierlich von einer «Münzhelvetia», Josef Balmer tituliert sie als «Überbrettldame»,
und gewisse Kunsthistoriker pflegen den gesamten Naturalismus mitsamt
der Historienmalerei als Kitsch abzutun. Wo bleibt da die Ehrfurcht?

Kurt Marti & Ernst Mattiello,
Heil-vetia, 1971 (2. Auflage 1981
illustriert von Ueli Kaufmann)

Kurt Marti betitelt sein 1971 erscheinendes Gedichtbändchen Heil-vetia, und
der Karikaturist Ernst Mattiello illustriert es mit boshaften Zeichnungen. Dem
Patrioten dreht sich das Herz im Leibe um, wenn er das Gedichtete (von dem
wir der Pietät halber nur die beiden ersten und die beiden letzten Zeilen wie-
dergeben wollen) liest:

> «heil feezia
> verrücktes huhn du...
> du gackerst so echt
> ich greife deine goldenen eier»

Auch von einer ‹heulfezia› ist da die Rede, von einer ‹lachfezia› und einer
‹höllfezia›.
Ein besonders senkrechter Demok- und Ständerat aus einem Gebirgskanton
fordert angesichts solcher Verunglimpfungen mit aller Heftigkeit die Wieder-
einführung der Todesstrafe für Gesinnungstäter. Doch diese schrecken vor
gar nichts zurück, nicht einmal vor letzterer. So stellt zum Beispiel der Cartoonist René Fehr an der ART 88 in Basel eine als Mumie dargestellte Helvetia aus. Etwas mehr Vaterlandsliebe sollte man doch besonders von den
Künstlern erwarten dürfen!

Cornelius Gurlitt,
Die deutsche Kunst seit 1800,
Berlin 1924, S. 22

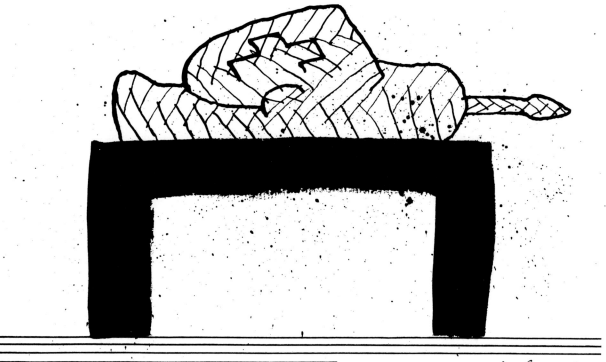

Mumifizierte Helvetia von René Fehr

Nicht besser ergeht es der Germania. Gurlitt bezeichnet sie als ‹feistes Frauenzimmer›, Bangert stellt sie in den Rahmen des Gründerzeit-Kitsches und sagt, dass man sie nur wieder ausgegraben hätte, um das lädierte Nationalbewusstsein aufzupolieren.

Siegfried Sommer und Loriot äussern sich despektierlich über Schwanthalers Bavaria in München. ‹Stämmige Frauensperson› heisst es da, ‹Dickschädel› und ‹Wuschelkopf›. Loriots Vorschlag für eine Umgestaltung des Monuments ist völlig undiskutabel.

Blutt bis auf Strümpf' und Jakobinermütze präsentiert uns Tomi Ungerer (u.a. Kinderbuchautor!) die Marianne aus Frankreich, die sich ohne jedes Schamgefühl von Napoleon am Hintern herumwerkeln lässt. Pfui! Dem Saarbrücker Oberbürgermeister Hans Jürgen Koebnick gereicht es zur Ehre, dass er solches missbilligt und den Plakataushang verhindert. Man stelle sich vor, dass Helvetia...

Albrecht Bangert, Gründerzeit, München 1976, S. 22

Siegfried Sommer und Loriot, München für Anfänger, Diogenes 1958

Künstler-Verzeichnis

Ahorn Lukas, 1789–1856
Konstanz
Steinmetz

Ausführung des Luzerner Löwendenkmals (1820/21) nach dem Entwurf von Thorwaldsen.

Amiet, Cuno, 1868–1961
Solothurn / Riedtwil BE
Maler

Schüler von F. Buchser, beeinflusst von Gauguin, Bronzemedaille Weltausstellung Paris 1900. 1906–13 Mitglied der ‹Brücke›.

Amlehn, Franz Sales, 1838–1917
Sursee / München
Bildhauer

Kolossalstatue der Helvetia über dem Leichnam Winkelrieds für die Sempacher Jubiläumsfeier 1886.

Auer, Hans Wilhelm, 1847–1906
Wädenswil / St. Gallen
Architekt

Schüler von G. Semper und Th. Hansen. Entwurf und Bau des Bundeshauses Ost (ab 1888) und des Parlamentsgebäudes (ab 1894).

Balmer, Paul Friedr. *Wilhelm,* 1865–1922
Basel
Maler

Ausführung des Wandbildes Landsgemeinde im Ständeratssaal nach dem Entwurf von A. Welti. Briefmarken Pro Juventute 1915–1917.

Bartholdi, Frédéric-Auguste, 1834–1904
Colmar / Paris
Bildhauer

Liberty-Statue New York (1886), Strassburger-Denkmal Basel mit Helvetia und Strassburgia (1895).

Barye, Antoine-Louis, 1796/97–1875
Paris
Bildhauer und Zeichner

Schüler von Bosio und Baron Gros, Lehrer von Rodin. 1820 Rompreis. Tierdarstellungen und mythologische Figuren.

Begas, Reinhold, 1831–1911
Berlin
Bildhauer

Schüler von Rauch, Schadow und Wichmann. Neobarock. National-Denkmal Wilhelm I. mit Viktoria, Kolossalfigur der Germania (1878), Borussia (1895) in der Ruhmeshalle Berlin, Silberstatuette Italia.

Bernini, Giovanni Lorenzo, 1598–1680
Neapel / Rom
Bildhauer und Architekt

Kolonnade St. Peter in Rom, Paläste, Portraitbüsten. Gastvorlesung in Paris 1665: Fort mit den lebenden Aktmodellen!

Beurmann, Emil, 1862–1951
Basel
Maler und Schriftsteller

Portraits, Genrebilder, Wandmalereien, illustrierte Reiseberichte. Gemälde der Basilea (1892).

Bluntschli, Alfred Friedrich, 1842–1930
Zürich
Architekt

Schüler von G. Semper. Preise in den Wettbewerben Reichstag Berlin und Erweiterung des Bundeshauses Bern (1. Preis).

Böcklin, Arnold, 1827–1901
Basel / S. Domenico / Fiesole
Maler

1850–1857 und 1862–1866 in Rom, 1874–1885 in Florenz. Mythologische Figuren: Venus, Diana, Nymphen, Flora… Skizzen zu St. Jakobs-Denkmal. Mitglied der Schweiz. Kunstkommission.

Borntraeger-Stoll, Eveline, 1958
Kilchberg / Zürich
lic. phil. 1

Psychologin, Fotografin und Hobby-Stickerin. Kreuzchenstich-Helvetia (Seite 102 dieses Buches).

Bovy, J. F. Antoine, 1795–1877
Genève / Paris
Médailleur

Beeinflusst von Reverdin, Schüler von Pradier. 1850 Auftrag für CH-Münzen (sitzende Helvetia), 1874 neue CH-Münzen (stehende Helvetia nach fremder Vorlage) sowie div. Schützentaler mit Helvetia.

Brandenberg, Anton *Aloys,* 1853–1942
Zug / Rom
Bildhauer

Schüler von J. L. Keyser (Zürich) und J. Schilling (Dresden), Giebelrelief «die Sage» im Nationalratssaal. Mitarbeit am Niederwald-Denkmal und Entwurf zu Tell-Denkmal.

Burnand, Ch.-L. Eugène, 1850–1921
Moudon / Paris
Maler und Illustrator

Schüler von B. Menn und Léon Gérôme, Chevalier de la Légion d'honneur. Ländliche Szenen im Stil von Millet und Courbet. Postkarten-Helvetia (1917).

Canova, Antonio, 1757–1822
Possagno / Treviso / Venedig
Bildhauer

Vertreter des reinen ital. Klassizismus. Ab 1779 fast immer in Rom. Grabmäler, Büste Napoleons, Amor und Psyche …

Carstens, Asmus Jakob, 1754–1798
Schleswig / Rom
Maler und Zeichner

Schüler der Akademie in Kopenhagen. 1783 Italienreise. Einfluss auf Thorwaldsen. 1790 Prof. an der Berliner Akademie, ab 1792 in Rom.

Casanova, Giovanni Battista, 1730–1795
Venedig / Rom / Dresden
Maler und Zeichner

Bruder von Sexprotz Chevalier de Seingalt. 1752–1762 in Rom. Zeichnet für J. J. Winckelmanns Monumenti Antichi Ruinen und Statuen.

Cerrachi, Giuseppe, (1751–1802) (guillotiniert)
Rom / London / Wien / Paris
Bildhauer

1790/91 in Amerika. Entwurf zu einem Freiheitsmonument vor dem Kapitol. Trotz Unterstützung durch George Washington bewilligt der Kongress den Kredit nicht.

Chiattone, Antonio, 1856–1904
Lugano
Bildhauer

Schüler von Barzaghi-Cattaneo und Vincenzo Vela. Grand Prix Weltausstellung Paris 1900. Marmorstatue Tell im Nationalratssaal des Bundeshauses.

Chiattone, Giuseppe, 1865–1954
Lugano
Bildhauer

Bruder von A., Jury-Mitglied der Weltausstellung Paris 1900. Figur der Stauffacherin im Nationalratssaal.

Christen, Joseph Anton Maria, 1767/69–1838
Buochs / Königsfelden
Bildhauer

1788–1791 in Rom Schüler von Trippel. «Von seinen späteren Idealwerken erregte besonders eine um 1807 gemeisselte Venus Anadyomene die Begeisterung der Zeitgenossen.» (Brun, Künstler-Lexikon.)

Christen, Raphael, 1811–1880
Bern
Bildhauer

Sohn von J. A. M., Schüler von Sonnenschein (Bern) und Thorwaldsen (Rom), Lehrer an der Brienzer Schnitzerschule. Bronzestandbild der Berna auf dem Brunnen vor dem Bundeshaus.

Cornelius, Peter v., 1783–1867
Düsseldorf / Rom / Berlin
Maler

1811–1819 in Italien (Nazarener). Direktor der Düsseldorfer und der Münchner Akademie.

Cranach, Lucas d. Ae., 1472–1553
Kronach / Weimar
Maler und Zeichner

Hauptmeister des frühen Protestantismus. Bibel-Illustrationen und weibliche Akte: Venus, Lucretia, Grazien ..

Daumier, Honoré, 1810–1879
Marseille / Valmondois
Maler, Zeichner, Lithograph, Plastiker

Satiriker und Nonkomformist, Im Knast wegen Majestätsbeleidigung. Bleibt trotz enormen Schaffens (u. a. 4000 Lithos!) lebenslang ein armer Schlucker.

Dannecker, Johann Heinr. v., 1758–1841
Stuttgart
Bildhauer

Schüler von Trippel (zusammen mit J. A. M. Christen) und Pajou, befreundet mit Canova und Schiller. Lehrer von Imhof und Oechslin. Professor an der Stuttgarter Akademie, Übergang vom Barock zum Klassizismus.

David, Jacques-Louis, 1748–1825
Paris / Bruxelles
Maler

Schüler von Vien, Lehrer von Ingres. Rokoko / Klassizismus. Prix de Rome 1774, Aufenthalte in Rom 1775–1780+1784. Jakobiner und Freund Robespierres, Hofmaler von Napoleon I.

David d'Angers, Pierre Jean, 1788–1856
Angers / Paris
Bildhauer

Schüler von J. L. David, beeinflusst von Canova. 1811–1816 in Rom. Bildnis-Statuen, Giebelrelief für das Panthéon (1830–1837).

Delacroix, F.-V.-Eugène, 1798–1863
Charenton / Paris
Maler

Schüler von Guérin, Maler der Romantik. Die Freiheit führt das Volk (1830).

Diday, François, 1802–1877
Genève
Maler

1830 in Paris bei Gros. Gebirgslandschaften. Mitglied der Kunstkommission für die Ausschmückung des Bundesratshauses.

Disteli, Martin, 1802–1844
Olten / Solothurn
Maler und Zeichner

Schüler von Peter Cornelius. Satirischer Zeichner und Illustrator. Herausgeber des Disteli-Kalenders.

Donndorf, Adolf v., 1835–1916
Weimar / Stuttgart
Bildhauer

Mitarbeiter Rietschels in Dresden, später Professor an der Kunstschule Stuttgart. Büsten und Reiterdenkmäler.

Dorer, Robert, 1830–1893
Baden / Dresden
Bildhauer

Schüler von Schwanthaler und Rietschel. Ca. 1860–1863 in Rom. Mitglied der schweiz. Kunstkommission.
Monument National Genève (1869), Versicherungs-Helvetia St. Gallen, Modell zu Nationalmonument in Bern mit Germania, Gallia und Italia.

Drake, Johann Friedrich, 1805–1882
Pyrmont / Berlin
Bildhauer

Schüler von Rauch, Professor an der königlichen Akademie der Künste in Berlin. Erfinder eines Hilfsgestells für Aktmodelle. Goldelse auf der Siegessäule in Berlin.

Eichin, Bettina, 1942–
Bern / Freiburg i. B. / Basel
Bildhauerin

Erste Steinmetzin in der Schweiz. Ausbildung in der Münster-Bauschule Bern. Helvetia auf Reisen (1979/80) auf der mittleren Rheinbrücke, Kleinbasel.

Fehr, René, 1945–
Zürich
Cartoonist

Tritt auch unter dem Pseudonym ‹Pater Braun› auf. Eines des vielen Hauptwerke: Mumifizierte Helvetia (1988).

Gärtner, Friedrich v., 1792–1847
Koblenz / München
Architekt

1815–1817 in Italien, 1820 Professor an der Münchner Akademie und Direktor der Nymphenburger Porzellanmanufaktur. Feldherrnhalle (1840–1844), Siegestor (1843–1850), Befreiungshalle in Kehlheim (1842 / beendet durch Klenze).

Gessner, Johann Conrad, 1764–1826
Zürich
Pferdemaler

Sohn des Zürcher Maler / Dichters Salomon Gessner (1730–1788). 1788/89 in Rom Schüler von Tischbein und Trippel.

Giron, Charles, 1850–1914
Bernex GE
Maler

Mitglied der Légion d'honneur und der eidg. Kunstkommission. Wandbild Wiege der Schweiz im Nationalratssaal.

Gleyre, Marc-*Charles*-Gabriel, 1806–1874
Chevilly VD / Paris
Historienmaler

Lehrer von Degas, Monet, Renoir, Sisley, Whistler, Anker … usw. im Atelier von Delaroche. Die Römer unter dem Joch (Musée Cantonal des Beaux-Arts, Lausanne).

Hähnel, Ernst, 1811–1891
Dresden
Bildhauer

Dekorative Grabsteine und Denkmäler in klassischem Stil. Einfluss auf Dorer.

Heer, August, 1867–1922
Basel / Arlesheim
Bildhauer

Schüler von Falguière. Denkmal der Republik Neuenburg mit Helvetia und Neuchâteloise (1898) zusammen mit Adolf Meyer.

Hodler, Ferdinand, 1853–1918
Bern / Genève
Maler

Schüler von B. Menn. Realismus / Impressionismus, später Symbolismus. Wilhelm Tell (1897), Wandmalereien Landesmuseum.

Houdon, Jean Antoine, 1741–1828
Versailles / Paris
Bildhauer

Schüler von Pigalle, Lemoyne und Slodtz. 1764–1768 in Rom, 1785 in Amerika. Statuen und Bildnisplastiken.

Iguel, Charles-François-Marie, 1826–1897
Paris / Neuchâtel / Genève
Bildhauer

Schüler von Rude. Mitglied der Kommission für das Strassburger-Denkmal in Basel.

Imhof, Heinrich Max, 1795–1869
Bürglen UR
Bildhauer

Schüler von Abart, Dannecker und Thorwaldsen. Vorbild von Schlöth. Büsten und Marmorplastiken vorwiegend religiösen, mythologischen und allegorischen Inhalts.

Ingres, Jean-Aug.-Dominique, 1780–1867
Montauban / Paris
Maler

Schüler von J. L. David. 1801 Rompreis, 1806–1820 und 1834–1841 in Rom. Akte, Historien, Portraits, Mythologien...

Jauslin, Karl, 1842–1904
Muttenz
Maler und Illustrator

1870/71 ‹Kriegsspezialartist› für die Deutsche Kriegszeitung. Schlachtenbilder, Publikationen (z. B. Bilder aus der Schweizergeschichte).

Kauffmann, Angelika, 1741–1807
Chur / London / Rom
Malerin

Kontakte zu Goethe und Winckelmann. 1763–1765 und 1782–1807 in Rom. Klassisch-sentimentale Malerei.

Keyser (Keiser), Joh. Ludwig, 1816–1890
Zug / München / Zürich
Bildhauer

Schüler und später ‹Vorarbeiter› bei Schwanthaler in München. 1857–1890 Professor an der Modellierschule am Eidg. Polytechnikum. Lehrer von M. Brandenberg.

Kissling, Richard, 1848–1919
Wolfwil SO / Zürich
Bildhauer

Schüler von Fr. Schlöth und J. Pfluger. ‹National-Bildhauer› der Gründerzeit und Hauptvertreter der realistischen Plastik in der Schweiz. Ehrenbürger von Altdorf und 1905 Dr. h. c. phil. I der Universität Zürich. Escher-Denkmal Zürich (1889), Tell-Monument Altdorf (1895), Bankverein-Helvetia in Zürich (1901), Fontana-Denkmal Chur (1903), Vadian-Denkmal St. Gallen (1904), Giebelreliefs am Bundeshaus (vier Gruppen der ‹Wächter›), Briefmarken (Tell-Brustbild 1914).

Klenze, Leo v., 1784–1864
Hildesheim / München
Architekt

Bayrischer Hofbaumeister. Klassizistische Bauten und Renaissance-Bauten: Glyptothek, Pinakothek, Walhalla Regensburg, Propyläen, Eremitage Petersburg...

Lanz, Karl Alfred, 1847–1907
Rohrbach BE
Bildhauer

Schüler von Widmann (München) und Cavelier (Paris). Vertreter der realistischen Plastik in der Schweiz. Bundeshaus: Statuen des Kriegers, Handwerkers und Künstlers sowie das Relief Industrie und Ackerbau.

Laurenti, Anselmo, 1845–1913
Carabbia TI
Bildhauer

Viele Plastiken in Bern. Bundeshaus: Greifen an der Nordfront und Adler über der Rütli-Gruppe in der Kuppelhalle des Parlamentsgebäudes.

L'Eplattenier, Charles, 1874–1946
Neuchâtel
Maler und Bildhauer

Beeinflusst von Hodler, Lehrer von Le Corbusier. ‹Le Fritz› bei Les Rangiers (1924), Markenbild Helvetia mit Schwert (1908) und Helvetia-Brustbild (1907).

Leu, Max, 1862–1899
Solothurn / Basel
Bildhauer

Schüler von Cavelier. Vertreter der ‹realistischen Plastik› in der Schweiz. Bubenberg-Denkmal Bern (1897), Hebel-Denkmal Basel (1899).

Loriot (Vicco v. Bülow), 1923–
Brandenburg (Havel)
Zeichner, Filmer...

Tiefschürfende Publikationen wie zum Beispiel Der gute Ton und Auf den Hund gekommen. Vorschlag zur Modifizierung der Bavaria in München.

Lücke, Joh. Christian Ludwig, 1703–1780
Dresden / London
Bildhauer

Schüler von Permoser? Lehrer von Alexander Trippel.

Mangold, Burkhard, 1873–1950
Basel
Maler und Illustrator

Zeichnungen zu patriotischen Büchern, Plakate. Mitglied der eidg. Kunstkommission.

Mattiello, Ernst, 1941–
Rüthi SG / Zuchwil SO
Lehrer

Illustrationen (Helvetia) zu Kurt Martis Heil-vetia (1971).

Meyenburg, Viktor v., 1834–1893
Schaffhausen / Dresden
Bildhauer

Schüler von J. J. Oechslin. «Eine von M's frühesten Figuren ist eine Helvetia in Marmor für Hrn. Moser von Charlottenfels bei Schaffhausen.» (Brun, Künstlerlexikon). Mehrere Köpfe usw. für das Landesmuseum.

Meyer, Adolf, 1867–1940
Basel
Bildhauer

Schüler von Begas. Relief an der Fraumünsterpost Zürich (1898), Relief-Fries am Bundeshaus, Denkmal der Republik Neuenburg (1898) mit Helvetia und Neuchâteloise zusammen mit Aug. Heer.

Meyer, Hans Heinrich, 1760–1832
Stäfa / Jena
Kunstfreund

Kunst-Meyer. Mit Goethe in Rom. Professor und Hofrat in Weimar.

Meyer, Hermann, 1878–1961
Basel
Maler und Illustrator

Impressionist, vorwiegend Landschaften. Zeichnungen zur eidg. Bundesfeier in Schwyz, 1891.

Muyden, Charles Henri van, 1860–1936
Genève
Maler und Radierer

Vorimpressionistischer Realismus. Portraits, Genrebilder, Nebelspalter-Illustrationen. Helvetia auf Bundesfeier-Postkarte 1915.

Niederhäusern, August v., 1863–1913
Vevey
Bildhauer

(‹Rodo›). Schüler von B. Menn und Hugues Bovy, Mitarbeiter von Auguste Rodin. Am Bundeshaus Giebelplastiken (Gruppe der drei Frauen).

Overbeck, Johann *Friedrich*, 1789–1869
Lübeck / Rom
Maler

Seit 1810 in Rom. Zusammen mit Pforr Begründer der Lukas-Brüderschaft (Nazarener). Vorwiegend religiöse Motive.

Pfluger, Josef, 1819–1894
Solothurn
Bildhauer

Lehrer von Eggenschwiler und Kissling. Historisch / patriotische Sujets.

Pforr, Franz, 1788–1812
Frankfurt / Albano b. Rom
Maler und Grafiker

Zusammen mit Overbeck Begründer der Lukas-Brüderschaft. Seit 1810 in Rom. Bilder aus der deutschen Sage und Geschichte.

Phidias, 5. Jh. v. Chr.
Athen
Bildhauer

Zwölf Meter hohe Statue der Athena Parthenos, 438 eingeweiht. (Auf Münzen erhalten.)

Polyklet (Polykleitos), 5. Jh. v. Chr.
Argos / Athen
Bildhauer

Herastatue auf Argos (auf Münzen erhalten). Verfasser eines ‹Kanon› über die Proportionen des menschlichen Körpers.

Pradier, Jean-Jacques, 1792–1852
Genève / Rueil (France)
Bildhauer

Schüler von Lemot an der Ecole des Beaux-Arts in Paris. Rousseau-Denkmal Genf, Reliefs am Arc de Triomphe und am Sarkophag Napoleons.

Praxiteles, 4. Jh. v. Chr.
Athen
Marmorbildhauer

Spätklassik, vermenschlichte Göttergestalten. Aphrodite von Knidos, Aphrodite von Arles.

Raffael (Raffaello Santi), 1483–1520
Urbino / Rom
Maler

Renaissance-Künstler. Bildnisse, Historien, Mythologien... Vorwiegend für den Vatikan tätig.

Rauch, Christian Daniel, 1777–1857
Arolsen / Dresden
Bildhauer

Kammerdiener, später Schüler von Canova, Thorwaldsen und Schadow. 1805–1818 in Rom und Carrara. ‹Klassische Idealität...›

Reverdin, Gédéon François, 1772–1828
Genève
Maler und Zeichner

Schüler von J. L. David, Freund von Ingres.

Reymond, Maurice Hippolyte, 1862–1936
Genève
Bildhauer

Davel-Denkmal (1898) und Vinet-Denkmal (1900) in Lausanne. Bundeshaus: Der Geschichtsschreiber und der Journalist (Statuen).

Rietschel, Ernst, 1804–1861
Pulsnitz / Dresden
Bildhauer

Schüler von Rauch, Professor an der Dresdner Akademie. Modifizierter Klassizismus.

Rodin, Auguste, 1840–1917
Paris / Meudon
Bildhauer

Schüler von Barye, Impressionist. Die Bürger von Calais, Der Denker, Der Kuss…

Sandreuter, Hans, 1850–1901
Basel / Riehen
Maler

Schüler von Böcklin. Bundeshaus: Kartons zu den Bogenfenstern in der Kuppelhalle. Kostümentwürfe zu Basilea, Klio und Helvetia für die Basler Wiedervereinigungsfeier 1892.

Schadow, Johann *Gottfried,* 1764–1850
Berlin
Bildhauer

Schüler von Trippel, beeinflusst von Canova. 1785–87 Rom. Quadriga auf dem Brandenburger Tor (Entwurf 1789).

Schilling, Johannes, 1828–1910
Mittweida / Dresden
Bildhauer

Schüler Rietschels, Gehilfe Hähnels, Lehrer von A. Brandenberg. Setzt die Rauch'sche Tradition fort. Germania des Niederwald-Denkmals (1883).

Schinkel, Karl Friedrich, 1781–1841
Neuruppin / Berlin
Architekt und Maler

Schüler von Gilly, Lehrer von Stüler, Persius und Strack. Entwurf zu preuss. 1-Taler-Note von 1835 mit allegorischen Figuren.

Schlöth, Lukas Ferdinand, 1818–1891
Basel / Thal SG
Bildhauer

Lehrer von Kissling. 1844–1874 in Rom. Winkelried-Denkmal Stans (1865), St. Jakobs-Denkmal mit Helvetia (1872) in Basel.

Schnorr v. Carolsfeld, Jul., 1794–1872
Leipzig / Dresden
Maler und Illustrator

1817–1826 in Italien (Lukas-Brüderschaft). Professor an den Akademien München und Dresden. Illustrationen zu Bibel und Nibelungen.

Schoenewerk, Alexandre, 1820–1885
Paris
Bildhauer

Schüler von David d'Angers. Erfolgreich zur Zeit des zweiten Empire, gefördert durch Prinzessin Mathilde. Bronzeplastik l'Europe (1877/78). Weil seine Salomé (1885) kritisiert wird, stürzt sich Schoenewerk aus einem Fenster des dritten Stocks…

Schwanthaler, Ludwig v., 1802–1848
München
Bildhauer

Hauptvertreter des Münchner Klassizismus unter Ludwig I. 1826–1827 und 1832–1834 in Rom. Einfluss Thorwaldsens. Monumental-dekorative Plastiken: Bavaria (München), Austria (Wien), Walhalla…

Sergel, Johan Tobias, 1740–1814
Stockholm
Bildhauer

1767–1778 und 1783–1784 in Rom. Spätbarock / Klassizismus. Königlicher Hofbildhauer in Stockholm.

Siegwart, Hugo, 1865–1938
Luzern
Bildhauer

Schüler von Widmann (München) und Falguière (Paris). Vertreter der ‹realistischen Plastik› in der Schweiz. Bundeshaus: Statuen Winkelried und Niklaus von Flüe.

Sigg, Fredy, 1923–
Winterthur
Cartoonist

Mitarbeiter des Nebelspalters und anderer Publikationen. Respektlose Darstellung der Helvetia in der Zürcher Woche.

Soldini, Antonio, 1854–1933
Chiasso TI
Bildhauer

Schüler von Vincenzo Vela. Nationalrat 1902–1905. Bundeshaus: Médaillons in der Kuppelhalle.

Sonnenschein, Valentin, 1749–1828
Stuttgart / Bern
Bildhauer

Wirkt an den Kunstschulen von Zürich und Bern. Lehrer von J. M. Usteri und Raphael Christen.

Stalder, Ferdinand, 1814–1870
Zürich
Architekt

Preisträger im Bundeshaus-Wettbewerb 1850.

Steiger, Robert v., 1856–
Rio / Bern / Buenos Aires
Maler und Illustrator

Schüler von Albert Walch. Im Auftrag von Hans Auer Studien zur Innendekoration des Bundeshauses. Umzugzeichnung und Kostümstudien 700 Jahre Bern.

Strack, Johann Heinrich, 1805–1880
Bückeburg / Berlin
Architekt

Schüler von Schinkel, Hofarchitekt von Wilhelm I. Siegessäule Berlin (1869/73) mit Viktoria von Drake.

Studer, Friedrich, 1817–1879
Bern
Architekt

In München ausgebildet, Architekt des Bundesrats-hauses 1852–1857. Münchner Palaststil. Hotels u. a. in Interlaken: Viktoria, Jungfrau, Beaurivage, Ritschard, Métropole…

Stückelberg, Ernst, 1831–1903
Basel
Historienmaler

Von Rethel, Veronese, Kaulbach und Schwind beein-flusst. Mitglied der Kunstkommission 1865 zur Aus-schmückung des Bundespalastes. Die Stauffacherin im Bundeshaus. Fresken der Tells-Kapelle (1883), Ent-wurf zum St. Jakobs-Denkmal.

Thorwaldsen, Bertel, 1768/70–1844
Kopenhagen / Rom / Kopenhagen
Bildhauer

(Thorvaldsen.) Hauptmeister der klassizistischen Pla-stik. 1796/97 bis 1838 in Rom. Einfluss auf Schwan-thaler. Entwurf zum Luzerner Löwendenkmal.

Tischbein, Joh. Heinr. *Wilh.,* 1751–1829
Haina / Eutin
Maler und Radierer

1779–1789 in Rom, 1789–1799 in Neapel. Landschaf-ten, Historienbilder und Portraits. Goethe in der Cam-pagna.

Tizian (Tiziano Vecellio), 1477/1489–1576
Pievo di Cadore / Venedig
Maler

Schüler von Bellini. Hochrenaissance. Madonnen, Mythologien. Venus von Urbino.

Trippel, Alexander, 1744–1793
Schaffhausen / Rom
Bildhauer

Gemäss Thieme-Becker der bedeutendste Vorläufer Canovas. In London bei Joh. Chr. Ludwig v. Lücke, 1763 Schüler J. Wiedewelts in der Akademie Kopen-hagen, dann bei C. F. Stanley Kopenhagen und 1771 in der Royal Academy, London. Seit 1778 dauernd in Rom. Lehrer von Dannecker, Schadow, Zauner und J. A. M. Christen. Mitglied der Helvetischen Gesell-schaft, Kontakte zu Joh. v. Müller, Lavater, Salomon Gessner, I. C. Füssli.

Ungerer, Tomi, 1931–
Strassburg
Zeichner, Autor, Illustrator

Bücher für Kinder (z. B. Basil Ratzki) und Erwachsene (z. B. Fornicon). Respektlose Darstellungen der Ma-rianne und der Liberty.

Vela, Vincenzo, 1820–1891
Ligornetto TI
Bildhauer

Schüler von Sabatelli, Milano. Mitunterzeichner der Petition F. Buchsers 1883. Vertreter des Verismus. Aka-demie-Professor in Turin. ‹Opfer der Arbeit› (1932 in Bronze gegossen).

Vibert, James André, 1872–1942
Plan-les-Ouates / Carouge
Bildhauer

Schüler von Rodin, befreundet mit Hodler. National-denkmal des Wallis in Sitten (1919). Bundeshaus: Dar-stellungen von Friede und Freiheit an der Nordfront (1903), Rütligruppe und Landsknechte in der Kuppel-halle (1914). Um 1903 Helvetia und Raetia PTT-Ge-bäude Chur.

Vien, Joseph-Marie, 1716–1809
Montpellier / Paris
Historienmaler und Radierer

Lehrer von David, Vincent, Saint-Ours. Mythologische und religiöse Szenen.

Vigée-Lebrun, Elisab.-Louise, 1755–1842
Paris
Malerin

1789 in Rom. 660 Portraits und 200 Landschaften. Frühklassizismus.

Viollet-le-Duc, Eug. Emanuel, 1814–1879
Paris / Lausanne
Architekt

Berater Bartholdis bei der Konstruktion der Liberty-Statue. Verfasser des Dictionnaire raisonné de l'archi-tecture française du XIe au XVIe siècle, 1854–69.

Vogel, Georg *Ludwig,* 1788–1879
Zürich
Historienmaler

Schüler von Heinrich Füssli, Oeri und Conrad Gess-ner, vorübergehend Mitglied der Lukas-Brüderschaft Wien. 1810–1813 in Rom mit Overbeck und Pforr. «Sein Werk ist eine vaterländische Huldigung an die Schweiz» (Keyser). «Er konnte nicht zeichnen, er konnte nicht malen» (A. Böcklin). Goldmedaille Bern 1857.

Voigt, Carl *Friedrich,* 1800–1874
Berlin / Triest
Médailleur

1826 in Rom, beeinflusst von Thorwaldsen und Rauch. Médailleur an der kgl. Münze in München. Gravur der ‹Strubeli›-Briefmarken von 1854 (sitzende Helvetia). Seit 1857 dauernd in Italien.

Walch, Albert, 1816–1882
Augsburg / Bern
Maler und Zeichner

Studien bei Cornelius in München. 1847–1849 in Rom. Entwürfe zu schweiz. Goldmünzen, zur Münz-Helvetia 1874 und zu Banknoten.

Wallot, Paul, 1841–1912
Oppenheim / Langenschwalbach
Architekt

Deutscher Reichstag Berlin (1884–1894). Deutsche Renaissance / Neobarock. Historisierende Monumentalbauten.

Welti, Albert, 1862–1912
Zürich / Bern
Maler

Schüler von A. Böcklin. Bundeshaus: Karton zum östl. Bogenfenster der Kuppelhalle und Entwurf zum Wandbild Landsgemeinde im Ständeratssaal (ausgeführt von Wilhelm Balmer 1912–1914). Briefmarken CH: Tellenbüblein (1907 und 1909), Tell-Brustbild nach dem Tell-Monument von Kissling.

Widnmann, Maxim., Ritter v., 1812–1895
Eichstätt / München
Bildhauer

Schüler der Münchner Akademie unter K. Eberhard und L. Schwanthaler, weitergebildet 1836/39 in Rom bei Thorwaldsen. Günstling von Ludwig I., 1848–1887 Nachfolger Schwanthalers an der Münchner Akademie. Lehrer von Lanz und Siegwart. Plastiken am Siegestor München.

Zauner, Franz Anton v., 1746–1822
Tirol / Wien
Bildhauer

Schüler von Trippel. Bahnbrecher des Klassizismus in Österreich. 1776–1781 in Rom. Reiterdenkmal Josephs II. in Wien (1795–1806).

Literatur

Anonym: Helvetia und Borussia. Ein vaterländisches Gespräch in Versen, Verlag von Scheitlin & Zollikofer, St. Gallen 1857
Anonym: Helvetia, ein Gedicht auf die gegenwärtige Zeit von einem Freunde der Eintracht und gesetzlicher Ordnung, Zürich 1831

Balmer, Joseph (J. B.), Die Kunstpflege in der Schweiz und deren Unterstützung durch den Bund, Separatdruck aus dem ‹Vaterland›, Luzern 1902
Bangert, Albrecht, Gründerzeit, München 1976
Beyrodt, Wolfgang, Gottfried Kinkel als Kunsthistoriker, Bd. 23 der Veröffentlichungen des Stadtarchivs Bonn, 1979
Bluemner, Hugo, Die Sammlung der Gipsabgüsse im Polytechnikum zu Zürich, ihre Gegenwart und ihre Zukunft, Zürich 1893
Bodmer, Johann Jacob, Wilhelm Tell oder der gefährliche Schuss, Zürich 1775
Bornemann, D. W., Die Allegorie in Kunst, Wissenschaft und Kirche, Freiburg i. B. / Tübingen 1899
Brun, Carl, Schweizerisches Künstlerlexikon, Frauenfeld 1905–17
Bühler, Michael und Luck, Georg, Festspiel der Calvenfeier 1899, Illustrierte Ausgabe, Chur 1900
Bundesbeschluss vom 8. März 1881 über die Ausgabe und die Einlösung von Banknoten
Buri, R. & Kelterborn, R., Jahrbuch für die Schweizer Jugend, Bern 1897

Caesar, C. Julius, Commentarii de Bello Gallico
Chantelou, Tagebuch des Herrn von Chantelou über die Reise Giov. Lorenzo Berninis nach Paris aus dem Jahre 1665, deutsche Bearbeitung von Hans Rose, Bruckmann München 1919.
Coulin, Jules, Der Antiphilister. Maler Distelis Kalender, Basel ca. 1920

Die Schweiz, Neuchâtel 1909
Diodor's von Sicilien Geschichts-Bibliothek, übersetzt von Dr. Adolf Wahrmund, Stuttgart 1869
Dürwächter, Anton, Jakob Gretser und seine Dramen, Freiburg 1912
Doberer, Kurt Karl, Kulturgeschichte der Briefmarke, Frankfurt a. M. 1973

Eberle, Oskar, Theatergeschichte der inneren Schweiz, Königsberg 1929
Eggenschwyler, K., Die Förderung der nationalen Kunst durch die Eidgenossenschaft, Bern 1887
Essers, Volkmar, Johann Friedrich Drake, 1805–1882, Prestel München 1976 (Bd. 20 der Materialien zur Kunst des 19. Jh.)

Festalbum der Schweiz. Landesmuseumsfeier vom 25. Juni 1898
Festbericht (offizieller) der Basler Vereinigungsfeier 1892
Festbericht (offizieller) der Basler Bundesfeier 1901
Flach, H., Vor hundert Jahren (mit Illustrationen von Karl Jauslin), Zürich 1898
Frei, Daniel, Die Förderung des schweizerischen Nationalbewusstseins nach dem Zusammenbruch der Alten Eidgenossenschaft 1798, Diss. Zürich 1964
Furger-Gunti, Andres, Die Helvetier, NZZ Zürich 1984

Gantner, Theo, Der Festumzug, Basel 1970
Geilfus, Georg, Helvetia. Vaterländische Sage und Geschichte, Winterthur 1852/53 (2 Bde.)
Der *Geschichtsfreund,* Mitteilungen des historischen Vereins der fünf Orte (LU / UR / SZ / UW / ZG), Band 6, Benziger Einsiedeln 1849
Gessler, Albert, Ernst Stückelberg, Basel 1904
Grimm, Jacob, Geschichte der deutschen Sprache, 1848
Gründungsfeier der Stadt Bern 1191–1891. Offizielles Festalbum des historischen Zuges mit Programm, 14.–17. August 1891 (mit Zeichnungen von Robert von Steiger, Maler)
Gurlitt, Cornelius, Die deutsche Kunst seit 1800, Berlin 1924

Helvetia Zürich, Sängerverein (Jahresberichte)
Helvetia, Schweiz. Unfall- und Haftpflichtversicherungsanstalt (Geschäftsberichte)
Henne, Joseph Anton (aus Sargans), Diviko und das Wunderhorn oder die Lemanschlacht. Ein deutsches National-Heldengedicht, Stuttgart und Tübingen 1826

Herzog, Heinrich, Schweiz. Volksfeste, Sitten und Gebräuche für jung und alt dargestellt, Aarau 1884
Heyck, Ed., Prof. Dr., Frauenschönheit im Wandel von Kunst und Geschmack, Bielefeld/Leipzig 1902
Hilty, Carl, Öffentliche Vorlesungen über die Helvetik, Fiala Bern 1878
Historisch-biographisches Lexikon der Schweiz, 7 Bände + Suppl., Neuenburg 1921–1934
Hundert Jahre schweizerische Postmarken 1843–1943, PTT/Ringier 1943

Im Hof, Ulrich, Die Helvetische Gesellschaft, Frauenfeld 1983

Jaggi, Arnold, Die Gründung unseres Bundesstaates, Bern 1948
Jenny, Hans, Kunstführer der Schweiz, Bern 1939

Kahl, Robert, Das venezianische Skizzenbuch und seine Beziehung zur umbrischen Malerschule, Leipzig 1882
Keller, Gottfried, Am Mythenstein, Band 5 der Ausgabe von Gustav Steiner, Birkhäuser Basel (o. J.)
Kummer, J. J., Bundesrat Schenk, sein Leben und Wirken, Bern 1908

Legman, G., The Limerick, Panther Books Granada 1976
Lejeune, Robert, Honoré Daumier, Büchergilde Gutenberg Zürich 1946
Leu, Hans Jacob, Allgemeines helvetisches Lexicon MDCCLVI
Lurker, Manfred, Wörterbuch der Symbolik, Kröner Stuttgart 1979
Luther's Werke für das christliche Haus, Braunschweig 1890

Marfurt-Elmiger, Lisbeth, Der Schweizerische Kunstverein 1806–1981, Zürich 1981
Marti, Kurt, Heil-Vetia, Lenos Basel 1971/81
Mayor, Jaques, Notice des Médaillons et Modèles d'Antoine Bovy, Genève 1891
Mittig, Hans Ernst, Über Denkmalkritik in: Denkmäler des 19. Jh., Prestel München 1972
Mommsen, Theodor, Die Schweiz in römischer Zeit, 1854/1966 (Artemis Zürich)
Morel, Karl, Die Helvetische Gesellschaft, Winterthur 1863
Moses, Deuteronomium
Müller, Eugen, Schweizer Theatergeschichte, Zürich/New York 1944

Niemann, A. C., Wilhelm Tell der Tausendkünstler, Uri (?) 1805
Nietzsche, Friedrich, Vom Nutzen und Nachteil der Historie für das Leben, 1873 (Diogenes Zürich 1984)

Oechsli, Wilhelm, Schweizergeschichte, Zürich 1933
Oechsli, Wilhelm, Quellenwerk zur Schweizergeschichte, Zürich 1886
Offizieller Führer durch das neue schweizerische Bundeshaus in Bern, Bern 1902
Otten, Frank, Die Bavaria in: Denkmäler des 19. Jh., Prestel München 1972
Otten, Frank, Ludwig Michael Schwanthaler, 1802–1848 in Schriften zur Kunst des 19. Jh., 12, Prestel München 1970

Pestalozzi, Johann Heinrich, Ja oder Nein? (verfasst 1792–94), in: Ausgewählte Werke, kommentiert von Otto Bodemann, Verlag Volk und Wissen VEV, Berlin 1963
Platon, Der Staat, deutsch von A. Horneffer, Leipzig 1908
Poseidonos, Die Fragmente, hsg. von Willy Theiler, 2 Bde., Berlin/New York 1982
Provoyeur, Pierre und Betz, Jacques, Liberty, the French-American Statue, Harper & Row Cambridge 1986

Quillet, Dictionnaire Encyclopédique

Rahn, Johann Rudolf, Geschichte der bildenden Künste in der Schweiz, 5 Bde., 1873–1876
Reclams Kunstführer Deutschland, Bd. VII, Stuttgart 1977
Reinhardt, Ursula in: Unsere Kulturdenkmäler, XXVIII, 1977
Richter, Gert, Kitsch-Lexicon von A bis Z, Bertelsmann 1972
Ripa, Des berühmten italiänischen Ritters Caesaris Ripae allerley Künsten und Wissenschaften dienliche Sinnbilder und Gedancken, verlegt bei Johann Georg Hertel in Augsburg (Nachdruck Wilhelm Fink München 1970)

Sauer, Klaus und Werth, German, Lorbeer und Palme. Patriotismus in deutschen Festspielen, dtv München 1971
Sommer, Siegfried und Loriot, München für Anfänger, Diogenes Zürich 1958
Schweizerische Münzkataloge (Schweiz. Numismatische Gesellschaft) 1959, 1965, 1972
Stähelin, Felix, Die Schweiz in römischer Zeit, Basel 1931
Stern, Martin, Das Festspiel des 19. Jh. in der Schweiz, in: Volk – Volksstück – Volkstheater im deutschen Sprachraum des 19. Jh. in der Schweiz, hsg. von Jean-Marie Valentin, Bern/Frankfurt/New York 1986
Strabon, Geographica in 17 Büchern, Text, Übers. & Anm. von Wolfgang Aly, Band 4, Strabon von Amaseia, Bonn 1957
Sulzer, Johann Georg, Allgemeine Theorie der schönen Künste, 2. Aufl. Leipzig 1794 (Reprografischer Nachdruck Friedrich Pustet, Regensburg 1967)

Tacitus P. Cornelius, Werke, deutsch von Ludwig Roth, 7 Bde., Langenscheidt Berlin 1913
Thieme-Becker, Allg. Lexikon bildender Künste, 37 Bde., Leipzig 1907–1950

Valentin, Veit, Neues über die Venus von Milo, Leipzig 1883

Warner, Marina, Monuments and Maidens, London 1985

Weissenbach J.K., Eydgnössisches Contrafeth Auff- und Abnehmender Jungfrauen Helvetiae, 2. Aufl. Zug 1701

Widmann, Wilhelm, Wilhelm Tells dramatische Laufbahn und politische Sendung, Berlin 1925

Winckelmann, Johann Joachim, Kunsttheoretische Schriften: 1, Gedanken über die Nachahmung der griechischen Werke in der Malerey, Dresden & Leipzig 1756 / Faksimile-Verlag Heitz GmbH Baden-Baden / Strassburg 1962

Winkler, Johann (alt Bundesrichter), Missstände in der schweiz. Kunstpflege, Bern 1911

Wymann, Eduard, Die sechste Jahrhundertfeier des Rütlischwurs am 13. Oktober 1907, Einsiedeln 1908

Zschokke, Heinrich, Eine Selbstschau, Sauerländer Aarau 1842 (Faksimile-Nachdruck Paul Haupt, Bern / Stuttgart 1977)

Zweifel, Benjamin, Helvetia-Liederbuch für Schweizerschulen, Zürich / Leipzig 1902

Foto-Nachweis

Venus von Milo (Louvre), Eveline Borntraeger-Stoll
Bavaria (München), THE IMAGE BANK / ITTC-Productions
Monument National (Genève), Eveline Borntraeger-Stoll
Siegessäule (Berlin), Fotoarchiv der 'Weltwoche', PHOTOPRESS
l'Europe (Paris), Eveline Borntraeger-Stoll
Germania (Niederwald-Denkmal), Dieter Blum, Esslingen
Berna-Brunnen (Bern), Eidg. Archiv für Denkmalpflege, Bern
Sänger (Postkarte), Die neuen Wilden, Postkarte von Klaus Staeck, 1982
Helvetia-Senf (Plakat), Museum für Gestaltung, Zürich
Gründungsfeier der Stadt Bern (Plakat), Museum für Gestaltung, Zürich
(übrige Fotos vom Verfasser)